02

这个历史挺靠谱

袁腾飞讲中国史 下

袁腾飞 著

武汉出版社
WUHAN PUBLISHING HOUSE

（鄂）新登字08号

图书在版编目（CIP）数据

这个历史挺靠谱.2 / 袁腾飞著. — 武汉：武汉出版社，
2012.7

ISBN 978-7-5430-6876-6

I. ①这… Ⅱ. ①袁… Ⅲ. ①中国历史-青年读物
②中国历史-少年读物 Ⅳ. ①K209

中国版本图书馆CIP数据核字（2012）第071639号

上架建议：社科/通俗历史

这个历史挺靠谱.2

作　　者：袁腾飞
责任编辑：李杏华
监　　制：一　草
策划编辑：李吉军
特约策划：徐　杭
装帧设计：熊琼设计
出　　版：武汉出版社
地　　址：武汉市江汉区新华下路103号
邮　　编：430015
电　　话：（027）85606403　85600625
　　　　　http://www.whcbs.com　E-mail：zbs@whcbs.com
印　　刷：北京嘉业印刷厂
经　　销：新华书店
开　　本：715mm×1010mm 1/16
印　　张：16
字　　数：210千字
版　　次：2012年7月第1版　2012年7月第1次印刷
书　　号：ISBN 978-7-5430-6876-6
定　　价：32.80元

目录
Contents

第三章 帝制已消成历史
（辛亥革命——护国运动）

第
四
章

说不尽恩怨情仇
（北伐战争和土地革命）

第五章 浴血抗倭谱战歌（抗日战争）

第六章 五星红旗迎风飘扬（解放战争）

自序

　　各位读者朋友，呈现在你们面前的这套书，是根据我在精华学校的网络课程授课视频整理而成。以前曾被命名为《历史是个什么玩意儿》，由别的出版公司出版过。由于这套书是由讲稿辑录，因此应该把口语书面语化，以使之符合大众的阅读习惯。当时出版公司的编辑和我讲，我只需改正书中的史实错误，口语变书面语的工作，则由他们完成。我当然多一事不如少一事，乐得省事。而且，书中的小标题，包括书名，都是编辑代劳的。

　　《历史是个什么玩意儿1》面世后，我顿时誉谤满身。有很多读者对书的内容提出了质疑。有些史实错误，确实是由本人才疏学浅，讲课时记忆不清，加之审稿时只求速度、忽视质量造成的。但也有很多地方是出版方没和我沟通，擅自改动的结果。比如把宋真宗时的殿帅高琼写成宋徽宗时的高俅；把方孝孺写成是明成祖的谋士；为了方便编标题，竟想当然地把渤海国叫成北诏国……而这些，虽不是我的失误，但确有失察之过。另外，出版方力图保留我"原汁原味"的讲课风格，并没把口语变成书面语。以至于在不明白当时语境的情况下，很多句子让读者不知所云。

　　在修订《历史是个什么玩意儿2》时，我吸取了《历史是个什么玩意儿1》的教训，认真修订，谬误之处减少了许多。很快，我跟出版方发生了纠纷，他们没经过我的同意，自行出版了《历史是个什么玩意儿3》和《历史是个什么玩意儿4》。这两本书都没经过我审定，编辑又不具备自己勘订的能力。比如我讲课时提到袁世凯说"民主就是无主，共和就是不和"，结果这句话竟然被编辑断成"民主就是无主共和，就是不和"，实在是匪夷所思！

这样，对于《历史是个什么玩意儿》系列的四本书，除了《历史是个什么玩意儿2》我认真审阅过之外，其他三本都让我感到惭愧（《历史是个什么玩意儿3》和《历史是个什么玩意儿4》毕竟也是以我的名义出版的），很想有一个澄清的机会。在此特别感谢精华学校的廖中扬、李峰学两位老总，他们不以拙作鄙陋，为我联系到了新的出版机构，让其重见天日；非常感谢新出版方的项目策划人一草、李吉军为拙作所做的大量工作；非常感谢精华学校的杨海伦老师和拙作的特约策划徐杭先生；还要感谢许多为拙作出版提供了帮助的朋友们。

这套书其实是我依据《中学历史教学大纲》的知识点给学生们授课的讲稿。当然，我不是照本宣科，我还补充了大量的课外知识。在这次出版过程中，我认真修订。尤其是"中国古代史"和"世界史"部分，去芜取精、去伪存真，答谢各位朋友的厚爱。

本来我想把这套书命名为《课本中的中国史》和《课本中的世界史》，但编辑觉得书中的内容，已远远超出了课本的范畴，最后定名为《这个历史挺靠谱》。当然，靠不靠谱，我们说了不算，但愿读者朋友们也觉得靠谱。

袁腾飞

2012-5-11

这个历史
挺 靠 谱

第 一 章

内忧外患奈之何

（两次鸦片战争）

01. 玩不过你，就开打吧

资本主义要扩张

大清入主中原近两百年，在嘉庆、道光时，社会已经露出衰靡之象。西方资本主义的狂澜，却汹涌澎湃。自工业革命①后，民族主义勃兴，西方列强都向外扩展，新大陆成为新一轮角逐的焦点。资产阶级发展的机会就像秃子头上一根毛，你抓住就抓住，抓不住就没了，西方国家玩儿命地苦苦寻觅。

英国是世界资本主义的发祥地，17世纪40年代，英国最早爆发资产阶级革命，18世纪又率先开启工业革命，一个多世纪的积累与聚集，使其一跃成为当时世界上最强大的资本主义工业国。鸦片战争前后，英国每年的煤产量达到3000多万吨；生铁产量达到140万吨；机械纺纱业所用的棉花量达到5.2亿磅（1磅合0.4536千克）；筑成铁路数千公里。英国2/3的劳动人口从事工业生产，曼彻斯特、格拉斯哥、伯明翰等大型工业城市迅速崛起，首都伦敦的人口发展到200多万，资产阶级勃兴之势如惊涛骇浪般席卷了整个国家。资本主义发展需要原料与新市场，使得英国亟待向外寻求发展的出口。从对外扩张所必需的海军力量看，1836年，英国已拥有大小船舰500余艘。

俗话说，小妞爱花，小子爱炮，不过是各有所好。鸦片战争前的大清国，

---

① 工业革命于18世纪发源于英格兰中部地区。资本主义完成了从工场手工业向机器大工业过渡的阶段。它是以机器生产逐步取代手工劳动，以大规模工厂化生产取代个体工场手工生产的一场生产与科技革命。完成了工业革命的西方国家，亟待打开亚、非、拉落后国家的大门，把整个世界纳入资本主义的商品经济体系。

好的就是万民臣服，万国来朝，外藩君王来中国必须向中国皇帝磕个头，称个臣，派遣个把贡使来京呈递表文，进呈方物，以示诚意，随即接受封赏。频繁来朝的，是朝鲜、安南①、琉球之类的小国。西方国家派使节来华，并不为称臣朝贡，随着西方使团而来的，还有贸易团体，做买卖是西方来朝的真正目的，但清朝却将他们一概视为上贡的。

明清以来的中外贸易②，一贯本着和平共处基本原则，没有什么大的冲突。头号资本主义强国英国，不管如何强大，同中国人做的都是赔钱的买卖，银子进得少出得多，永远处于逆差。英国是个古董贩子，眼里识货，它看中了你家的市场和原料产地，你这里有，你这里还富裕；英国还是个无赖的贩子，看了想抢，就要打你。为了市场和原料，不管了，打吧，鸦片战争就此爆发。

虚弱的清朝

中国国内以自然经济、农业文明为主，男耕女织。农业文明最重要的生产资料是土地。当时的中国，土地高度集中，也就是说土地都被兼并了，大量耕地在贵族、地主手中，皇帝老儿是全国最大的地主。据1812年（嘉庆十七年）统计，皇帝直接或间接掌握的土地达83万顷。乾嘉之际的权臣和珅就占田8000余顷。道光年间的大官僚琦善则有地252顷。占全国人口绝大多数的农民，只有很少或者完全没有土地。农民兄弟在地租、赋税、徭役和高利贷的重重盘剥下，陷入贫困破产和流离失所的悲惨境地。农民同地主之间的矛盾，是当时社会的主要矛盾。

绝对的权力必然带来绝对的腐败。君主专制的中国，军备废弛。鸦片战争

---

① 越南古称，安南一词，最初作为地区名出现于中国载籍，是唐代初叶的事。

② 明清以来的中外贸易，中国规定以货易货，中国金银不准流出去，只准西洋的银两流进来做交易。

前夕，清朝的八旗兵和绿营兵①编制上虽有八九十万人，但武器落后，其装备水平与清朝早期相比反而有所退步。而且军队军务废弛，缺乏训练，军纪败坏，国防力量十分虚弱，每年消耗饷银2000万两以上（占当时清朝将近半年的财政收入），腐朽的程度难以想象。

当时中国的军事力量是以冷兵器为主，而西方列强已经完全过渡到火器时代。当然，即便是以冷兵器为主，如果勤加操练，在战争当中也不是一点作用发挥不出来。那个时候火枪的射速并不比弓箭快，就是射程比弓箭远些。但是清军武备不修，弓都拉不开，箭都射到脚面了，这种样子就是给你洋枪也没用。

另外，财政亏空。大清怕打仗，太花钱了，国库剩不了多少银子。中国古代的财政跟今天的不一样，今天的财政国家要编制预算、决算，每年大概能挣多少钱，要花多少钱，得留两笔钱用于应付突发事件：一个是自然灾害，像汶川地震那样的自然灾害；再一个就是战争。这两笔钱是国家压箱底的，完全不能动。古代没有预算、决算，完全量入为出，一年收入4000万两，支出也是4000万两，多一两没有。如果发生了自然灾害或者爆发大的战争，国家需要钱了怎么办？加税！明朝为什么灭亡？为什么那么多人跟着李自成干？就是因为明朝加派三饷②，这一加三饷，老百姓全跟李自成玩儿去了。

清朝看到明朝的教训，永不加赋，慈悲为怀，善待百姓，轻徭薄赋，绝不能再增加赋税。可不增加赋税的话最好什么事都别发生，一生

---

① 绿营兵主要由招募的汉人组成，因用绿色旗而名绿旗兵，以营为主要基层编制，也称绿营兵。绿营兵除在京师五城戍卫以外，绝大部分分驻全国各省。提督为各省绿营的最高武官。
② 明朝崇祯年间，加派的赋税名，辽饷、剿饷、练饷，合称三饷。

事朝廷就完蛋了。拿什么打仗？养兵十万，日费千金。财政亏空是一个重要问题。

千疮百孔的中国，认识到自己的问题没有？没有。外面花花世界，列强逐鹿新大陆，亚洲的土耳其日渐衰落，波斯、阿拉伯被迫屈服，印度已经被英国蚕食殆尽，神秘的中国是一块肥肉，被人四面八方包抄过来。然而，大清自我感觉良好，盲目地认为世界上2/3的人处于水深火热之中，我们大清帝国最幸福，万国来朝，四夷臣服，没有认识到自己已经被世界先进国家远远地甩在了后面。

小孩子经常被教育，中国地大物博，物产丰富，无所不有。确实，自然经济像三条腿的凳子，稳着呢。大清国不屑于同外来的小马仔在银子上有任何瓜葛。西方资本主义东扩势头凶猛，清朝不愿意自己的领土受到侵犯，也不愿意自己的人民同外国交往，进而危及自己的统治。朝廷拿着书往前一翻，明朝的海禁①制度挺好，沿用之。对外贸易本来是有五口，广州、漳州、宁波、云台山和蒙古边境的恰克图，前四处是海港和西方人进行交易，后一处是陆路，和俄罗斯人往来。谁知，西洋人爱跑广州，其他地方甚至数十年都不见有洋人前往，乾隆爷一看，就关了漳州、宁波、云台山三口，专限广州与恰克图两地对外往来，而且交易时间还有限制。在某种程度上，清朝闭关锁国的对外政策确实限制了外国人，但从长远看，这一政策不可能起到抵制殖民、抵抗侵略的作用，反而限制了自身的发展。

---

① 明太祖朱元璋出于政治上防范日本的需要，和经济上重商主义的考量，杜绝贵金属外流，在对外贸易上除允许部分国家或部族通过"朝贡"的方式进行贸易外，其他私人海外贸易一律禁止。永乐以后，随着中国海防的巩固和社会的稳定，禁令渐弛。后随抗倭状况禁令时紧时松，开放海禁后，为资本主义的萌芽提供了条件。

女皇要开战

英国为什么要在公元1840年出兵打中国？直接原因是虎门销烟。从16世纪到19世纪初，在长达几个世纪的中英贸易中，中国一直处于出超地位，也就是我们在对外贸易中是赚钱的。

拿现在说，我们每年跟美国保持着600亿美元的巨额贸易顺差，如果倒退150年，战争就打起来了。现在的中美贸易，尽管中国与美国贸易顺差数额巨大，实际上我们没挣钱。美国的一些企业，像耐克公司，产品在中国生产，中国劳动力便宜，产品通过廉价劳动力生产卖到美国。一双中国产耐克鞋在美国只要几十美元，而同样一双鞋在国内却要上千元人民币。不仅仅是耐克鞋，很多中国工厂的产品出口到美国市场后，扣除关税卖得都比中国国内还便宜。中国生产的产品经过长途跋涉，到了远在大洋彼岸的美国，卖得比产地还便宜，这怎么说？但只要是中国制造出口的产品，就算是中国的贸易顺差。这里面的钱，大头让外国人拿走了。而在鸦片战争前的中英贸易里，白花花、响当当的银子，可全都是让中国赚了，一年大概挣英国1000万银元，合中国白银700多万两。单茶叶一项就赚嗨了，谁都承认中国福建的茶最好。印度也产茶，冲出来你喝吗？茶叶就是中国的好！

英国同中国做买卖，觉得特别不爽。因为中国并不需要英国的商品，只卖不买。中国是自然经济，生产生活能够自给自足，谁买你的英国货？英国人也没调查中国市场，当然大清闭关锁国，它也没法调查。所以运来的商品有的就很离谱，像餐刀餐叉，中国人看到洋人吃饭居然用铁器，拿刀切，哇！茹毛饮血，一帮远古先民！钢琴，这东西在今天的中国家庭里恐怕也不多见，大部分是父母逼着孩子学的，考完级就不再碰了，也就是有人来串门的时候弹个《可爱的蓝精灵》；睡衣睡帽，中国人没有穿这东西的传统，睡觉还穿衣服？这不暴殄天物嘛！裤衩背心就好了，彻底解放更舒服！没用，不要。英国产品在中国卖不出去，所以永远出超，英国商人就怒了。怎么办？卖什么呢？那就卖鸦片吧！在英国本土，鸦片是不能种植的，英国不产，印度产。东印度公司①就在印度支持种鸦片。包括现在的金三角、缅甸的鸦片最初都是英国人种的。英国人一种，当地人也觉得种这个好，来劲了。

乾隆三十八年（1773年），英商觉得鸦片是最有利可图的商品，开始贩卖。乾隆末年，输入鸦片将近2000箱。嘉庆初年（1796年），增加到4000箱，嘉庆十六年（1811年），多至5000箱。道光十五年（1835年），增至30 000箱，合纹银1500余万两，鸦片输入的量如同飙升的温度计，嗖地一下就上去了。

当然，一定要明白，英国往中国走私鸦片，绝不是英国政府行为。完成了工业革命的英国，正当亚当·斯密发表《国富论》，自由资本主义发展，政府对经济是不干预的。政府要是鼓励商人卖鸦片，那英国实际上就成了最大的贩毒集团。英国的散商，也叫港脚商人②，是东印度公司以外的自由商人，他们多是鸦片走私贩子，又是最早把英国的棉纺织品带到中国市场的自由商人。港脚商人发展很快，已经强大到要求政府取消东印度公司对华贸易的垄断权，并最终达到目的。他们的贸易活动逐渐改变了由东印度公司和广州商行所构成的垄断性中英贸易格局，使其向着自由贸易的方向发展。在鸦片战争前，他们积极鼓吹对华战争，打开中国的大门，以扩大中英贸易，特别是其中的鸦片贸易。他们发现鸦片很好很强大，好东西应该大家一起分享，如果兄弟喜欢，可

---

① 英国东印度公司操纵着中国的对外贸易。随着英国工业革命的展开，工业资产阶级越来越不满由东印度公司操纵的垄断性贸易，他们想直接参与对东方的贸易，1833年，议会又通过法案，取消该公司对中国的贸易垄断权。

② 从17世纪末叶到19世纪中叶，印度、东印度群岛同中国之间的贸易叫港脚贸易，这些商人叫港脚商，其中主要是经过东印度公司特许的从事贸易的私商。

以都给你。这个东西果然好，鲁迅先生都曰：洋人拿鸦片来治病，中国拿鸦片来当饭吃。中国从王爷到尼姑都抽鸦片，宫内太监也抽。皇帝在宫里闻见鸦片烟的香味，定睛一看，太监躺在床上吞云吐雾，抽鸦片呢。

英国商人强烈要求打开中国贸易大门的时候，大清皇帝被鸦片搅得焦心，清政府把重点放在禁烟上，反正我们用不着英国的东西，谁管你贸易。道光十八年（1838年），鸿胪寺卿黄爵滋建议重治吸食者：吸者一年内戒绝，过期不戒，普通人处死；官吏应照常人加等，除治罪外，其子孙不准参加科考。高级官员议论，21人反对，8人赞成。禁烟令压根儿就没什么用，鸦片走私与烟毒屡禁不止。

抽鸦片可是高消费，当官的抽上了，靠工资支应不了，就得贪污；当兵的抽上的话，就更麻烦了，该冲锋陷阵的时候烟瘾犯了，得躺地上烧一泡儿，这仗还怎么打？抽食鸦片的结果是政府的财政收入和军队的战斗力受到严重影响。民国的时候，有的地方军阀的战斗力很差，士兵被称为"双枪兵"，一杆步枪，一杆烟枪。

湖广总督林则徐给皇上的奏折里面说："鸦片流毒于天下，则为害甚巨，法当从严。若犹泄泄视之，是使数十年后，中原几无可以御敌之兵，且无可以充饷之银。兴思及此，能无股栗？"林则徐每次想到这里就大腿打哆嗦，股就是腿，栗就是抖。你说没银子没兵皇帝干个什么劲？鸦片走私造成中国银荒兵弱，政权的统治基础不稳，因此皇帝很生气，气坏了的皇上派林则徐为钦差大臣赴广东禁烟。

林则徐禁烟决心相当大，1839年3月林则徐抵达广州后，即严正声明："若鸦片一日未绝，本大臣一日不回，誓与此事相始终，断无中止之理。"他在整顿海防，严拿烟贩的同时，对外国鸦片贩子也采取严厉的措施。不仅缴获了人家外商的鸦片，还让人家写下保证书，保证以后来华，永不敢夹带鸦片。

如有带来，一经查出，货即没收，人即正法。英国鸦片贩子被迫交出20 000余箱鸦片，美国烟贩交出1500余箱鸦片。

林大人缴获鸦片后不肯作罢，随即上演了中国近现代史上最激动人心的一幕，即人民纪念碑上第一幅浮雕——虎门销烟，这一举动可谓大快人心。要知道，不是烧烟，鸦片烟不能烧，一烧的话提纯了。销烟，即把鸦片集中于虎门的海滩，于高处筑起围栏，挖下长宽各15丈的两个大坑，灌入海水并倒进生石灰，待水沸腾后投下鸦片，使之彻底销毁，场面无比壮观。

虎门销烟给了英国出兵的借口。英国商人游说英国政府，强烈呼吁：政府要保护本国商人的利益。我们的货物被中国政府给毁了，得让他赔，得给那腐朽的帝国致命一击，让他们认识到我们大英帝国不是好惹的。为此，英国国会展开激烈的争论，有英国议员说，如果我们为了鸦片而战，英国不就成了武装贩毒集团了吗？这事不能干。

没办法，最后只好请维多利亚女皇御裁。维多利亚女皇宣布，我们为自由贸易的原则开战，不是为鸦片而战。

自由贸易嘛，就是我的东西卖到你那里，你就得买，你中国人不买的原因是政府闭关锁国。我的货都进不来，老百姓当然不买了。女皇认为，我的货一进来老百姓就会买，她不认为老百姓没有英国货，一样能够衣食无虞。要掏钱的事老百姓不会干，女皇意识不到这一点。在女皇的支持下，英国国会勉强以271∶262，支持票比反对票仅仅多了9票的微弱优势，通过了对华战争的提案，英国以维护自由贸易的原则为名决定对华开战。

就这样，4000名东方远征军，16艘战舰，540门炮，绕过半个地球，据说走了半年多，去进攻一个拥有4.1亿人口、90万正规军的帝国。

以死殉国报君恩

从中英参战人数对比看，英国可谓自不量力。英国的正规军总共只有13

虎门大销烟

万，而且兵力分散，散布在全球。但是，这支军队可是百战雄师，连拿破仑都打他不过。中国有25万八旗兵，66万绿营兵，基本上由市井之徒、流民、穷汉等构成。宋朝以后，朝廷实行募兵制①，所谓竖起招兵旗，自有吃粮人。在中国，穿军装是来干什么的？大多是吃饭来的，不是真玩儿命。英国职业军人却不同，为国家开疆拓土，是帝国军人的光荣。中国90万军队分布在全国。英国虽然只有寥寥数千名远征军，但中国一万多公里的海岸线，有海无防，英军指哪儿打哪儿。就整体兵力而言，英国是弱势，但其局部兵力明显占优势，而且英国后来陆续增兵。

据统计，鸦片战争中英军累计参战兵力是2万人，中国累计参战兵力是30万人。当然30万人是估计的，皇上派你从黑龙江赶去，没等你到那儿，仗打完了，这也算参战。从四川调1000人到浙江参战，头起是550人，后起是450人，550人走到半道，仗打完了，那450人还没出发呢，也就不用去了。清政府全国布兵，军队调动起来就很难了。

鸦片战争就这样打了起来，1840年，由48艘舰船（海军战舰16艘、东印度公司武装汽船4艘、运兵船1艘、运输船27艘）和陆军4000人（爱尔兰皇家陆军第十八团，苏格兰步兵第二十六团，步兵第四十九团），2000～3000名海军组成的英国远征军封锁了广州珠江口。

英国装备齐全，大船3000多吨，载炮100多门，战列舰②前后左右哪儿都可以开火，三层甲板，三层炮，人家炮弹打出去是爆炸的，里面是火药。咱们小船100多吨，10门炮，炮位还是固定的，只能朝前打，要是敌舰在左方，赶快

---

① 募兵制也就是雇佣兵役制度。招募者与应募者是雇佣关系，从宋代开始，应募的多是些地痞无赖，无组织纪律性。

② 战列舰，又称为战斗舰、主力舰、战舰，是一种以大口径火炮的攻击力与厚重装甲的防护力为主要诉求的高吨位海军作战舰艇。

划桨转过去。咱的炮弹打出去像铅球，压根儿打不着人家。所以林则徐一看这架势，帆船怎么进攻战列舰？这是个问题。干脆不进攻，直接防御。

广州防备森严，英国人一看，不在广州玩儿了，中国这么大，干吗跟你在这里叫板，换到了厦门。厦门防备也挺严，林则徐的战友闽浙总督邓廷桢在此镇守。洋人就奔定海而去。这样一来，林则徐傻了，这洋人怎么这么无耻？我把鸦片烟销毁了，你不找我，你找皇上，这算是什么事？你打不着我，还跑？但林则徐也没辙，想追怎么追？拿帆船追还是骑兵追？追上能怎么着？只得赶紧六百里加急快马，把消息告诉皇帝。21天到了北京，皇上召军机大臣开会，商量一个处理意见。意见发回广州，这路上来回就是两个月。

等林则徐拿到皇帝的批示，英国人已经离开此地好久，打定海去了。定海200多年没见过洋人，知县姚怀祥还带着老百姓去慰问，以为洋人是来进贡的。结果到英国军舰上一看，人家是来打仗的。英国海军司令让姚怀祥把定海城让出来，姚怀祥断然拒绝。英国军舰一舷的火炮齐射，当即就把定海城墙轰塌一片。姚怀祥目瞪口呆，活了46年，没见过这么大的船，没见过这么狠的炮，但大清官吏，自古有死无降。英国人说，密斯特姚有种，是条汉子，你准备24小时，我再打你。姚县令急忙回去找兵，连衙役都算上了，凑了几百人，招募渔船出海迎敌，数千全副武装的英军对付连衙役都算上的几百乌合之众，渔船PK近代战舰，也堪称战争史上的一桩罕事。40分钟后，定海百人船队全军覆灭。姚怀祥登上定海城楼，向北京紫禁城方向行了三跪九叩君臣大礼，投海自尽。

道光帝慑于英国舰队的威胁，改变了抗英态度，任命琦善为钦差大臣，赶赴广东。林则徐身处不利境地，依旧上书道光，力陈抗英的必要；同时，还建议朝廷制造坚实炮舰，坚决抵抗侵略者。道光为平息战事，以误国误民、办理不善等罪名查办了林则徐、邓廷桢。琦善抵达广州后，一反林则徐的做法，下令撤除珠江口的海防，裁减水师，遣散水勇、乡勇，对人民的抗敌热情大加打击。后来琦善得知英国不只要查办林则徐，赔款开港，还要割让香港岛，不敢答应，只得拖延时间。英国人不耐烦，炮轰大角、沙角。琦善无奈中，背着清廷同英国对华全权代表义律商议签订包括割地条件在内的《穿鼻草约》。道光惊闻琦善的谈判条件中有割地、赔款的内容，认为有损国威，颜面尽失，遂查办琦善，一意主战。英国那边更逗，认为义律索取的权益太少，也将他撤职。

一时沿海战事再起，在姚怀祥之后，清朝文武官吏殉国100余人，提督级的军官阵亡了好几个。广东水师提督关天培，相当于南海舰队司令员。英军大举进攻虎门诸炮台，守军才几百人，关天培在孤军无援的绝境下，决心死守阵地。英国司令向关天培发出最后通牒，令其放弃虎门各炮台，关天培不予理睬。最终，英军向清军发起猛攻，关天培顽强抵抗。在牺牲前，关天培特地委派家丁孙长庆将他的广东水师提督官印送回省城。孙长庆徘徊良久，不忍离去，待其抱印而走，到半山腰回首时见敌炮已经击中关天培。关天培的尸体最后被人找到时，一半已被炮火烧焦。出殡那天，"士大夫数百人缟衣迎送，旁观者或痛哭失声"。

中英两军再次在定海开战，定海一战牺牲了葛云飞、王锡朋、郑国鸿三位正二品的总兵，可谓惨烈。

定海开战前，总兵葛云飞发布战前动员令："贼不足畏，可尽灭也。"并且当众宣誓，万一战事不利，我身为大将，奉天子之命镇守这方土地，城亡我亡，这才是大丈夫之义，我绝不离开定海半步，葛云飞早将生死置之度外。

英军利用舢板船登陆，攻占了一条通向定海城的险道，企图攻陷定海。当此危急之时，王锡朋领着士兵抬着土炮奔赴在前，抱着必死之心堵击英军。弹药打完，王锡朋同英军近身肉搏，拼死抵抗，一次次震慑住敌军。随着英军登陆人数越来越多，王锡朋再次近身上前，亲手杀死几名英军，不幸被敌军炮火击中，壮烈牺牲。其他将领都因寡不敌众，先后受伤阵亡。王锡朋死后，被英军残忍地剥下皮来，将尸体戳烂发泄怒火。郑国鸿也在身中炮弹后，为国殉难。

失去了战友对敌军的牵制，葛云飞饱受英军三面夹击。葛云飞以死相搏，英军的枪弹接连不断地射到他的身上，全身受伤几十处的葛总兵，如他开战前起誓的那样，城存我存，城亡我亡，顽强地坚守在战斗最前线。直到最后一枚飞弹，打中他的胸膛，他站立不住，倒在岩石下，壮烈牺牲。

英军继而攻打镇海，镇海保卫战中，两江总督裕谦自杀殉国。两江总督按照我们今天的话说就是江苏、江西、安徽三省的省委书记兼省长兼南京军区司令员，一品大员，这么大的官都投海自尽了。清朝绿营武官的等级是：提督、总兵、副将、参将、游击、都司、守备、千总、把总。如果套用国际通用的军衔体系，则提督、总兵、副将相当于将级军官。咱们在鸦片战争中，干掉的英国军官最高不过是尉官，而我们的高级将领则大量阵亡，损失惨重。

条约，又见条约

历来，对中原王朝、对北京的威胁来自蒙古高原。所以修一个长城挡着，外边待着吧，别老想往里边闯！海上防御是中原王朝从来未曾想过的，因为骑兵不会从海上过来。可英国人偏偏从海上过来，从广东一路北犯，到达天津，且打得你毫无还手之力，没办法，在这种情况下，只有议和。

局势与人心向来都是瞬息万变，清廷不甘心如此议和，英军为逼清廷就范，从广州出发，经过东南沿海进入长江直抵南京，朝廷只得屈辱投降。为何打到南京，清政府就不得不投降认输？东南七省是朝廷命脉所系，是中国财富最为集中、最为富庶的地方，英国控制了东南沿海，意欲控制长江，断绝漕运，清廷这下没钱了怎么打？没有任何条件可以谈，唯有签约。

1842年，中国近代史上第一个不平等条约——中英《南京条约》签订。内容是：

第一，割香港岛给英国。香港岛不是今天整个香港特别行政区。港岛的面积只相当于香港特区的7%，香港特区是1104平方公里，港岛约78.4平方公里。香港特别行政区是1997年收回来的，它的沦陷分为三步——1842年《南京条约》、1860年《北京条约》和1898年《展拓香港界址专条》。《南京条约》割港岛，《北京条约》割九龙司，《展拓香港界址专条》租新界。港岛和九龙司是割，加一块儿大概占特别行政区11%的面积，新界是租，理论上割给人家的地要不回来了，但中华人民共和国不承认不平等条约，香港必须收回来。租的地是1898年租的，租期99年，到1997年到期，租期一满，我们就给要回来了。

第二，赔款2100万银元，这个银元是指西班牙铸造的墨西哥鹰洋[1]。收藏银元的玩家一说银元就是"大头、小头、鹰、龙洋"，大头是袁大头，这是存世比较多的。小头是孙中山，数量比较稀少。龙洋是清朝后期的银元，光绪、宣统年间发行。鹰洋指的是墨西哥银元，一块银元，折合中国白银7钱2分。2100万银元大概应该合中国白银一千五六百万两的样子。当时朝廷一年的财政收入是3000万两～4000万两白银，这些钱要四年付清。

需要特别说明的是，2100万银元里，赔鸦片的钱600万银元，战争中所

---

[1] 墨西哥从1823年自铸银元，成色重量皆仿本洋，因镌有鹰徽，俗称鹰洋。鸦片战争后，鹰洋大量流入中国，在南方、中部各省几乎成为主要货币。据清朝宣统二年（1910年）户部调查统计，当时流通的外国银元约有11亿枚，其中1/3是墨西哥鹰洋。

耗军费1200万银元咱得报销，这1800万银元是屈辱的，是不该给的，还有商欠300万银元是应该给人家的，是咱欠人家的钱。原来咱只有广州一地跟英国人通商，所有的对外贸易只能通过广州的十三行①进行，十三行表面是民间组织，实际上是官府操控。十三行历年欠英国商人一些钱，就是不给，有种你告我呀！他背后有人撑腰。现在人家政府给农民工讨债来了，只好给人家钱。

第三，广州、厦门、福州、宁波、上海五口通商。这五口在中国的东南沿海地区，今天中国经济最发达的地方。可能也是因为对外开放最早，得全国风气之先。

第四，协定关税。英商进出口货物缴纳的税率中国要跟英国商定，按照今天双方的贸易原则这是应该的。中国和美国贸易谈判，中国代表一般是商务部副部长，美国专门有一个谈判代表，也是部级的干部，双方谈判就涉及关税的问题。比如说美国的飞机、电脑芯片、小麦、橘子是特产，进入中国，我们要给他们优惠，关税要降低；中国产的耐克鞋、芭比娃娃、圣诞树，要进入美国，他们也要给我们降低关税。关税是可以商量的。

但鸦片战争以后的关税，就是英国一口价——5%。这恐怕是世界上最低的关税，而且没得商量。双方签完了条约，回去之后等着两国的领导人批准，英国不干了，说不够本。于是又签附件——《虎门条约》、《五口通商

---

① 十三行是清代设立于广州的经营对外贸易的专业商行。它是清廷实行严格管理外贸政策措施的重要组成部分，其目的在于防止中外商民自由交往，由封建官府势力"招商承充"并加以扶植，成为对外贸易的代理人，具有官商的社会身份，也是清代重要的商人资本集团。十三行作为清代官设的对外贸易特许商，代海关征收进出口洋船各项税饷，并代官府管理外商和执行外事任务。

章程》，通过这些补充条约，英国取得了"领事裁判权"、"片面最惠国待遇"，还有口岸租赁土地房屋永久居住的特权。

领事裁判权又称治外法权①，（抗日战争时，1943年重庆国民政府跟英美签约，废除了治外法权），它破坏了中国的司法主权。外国公民在中国犯了罪，中国的法律不能制裁，由他们的领事进行裁判。且不说领事裁判公不公正（估计公正不了），就算公正你也破坏了中国的司法主权。你看美国的军队在海外驻扎，干一些伤天害理的事儿，像在日本、韩国强奸、杀人，当地法律判不了美国兵，美国兵只受美国军法的审判。

美国一个飞行员在意大利驾驶A6重型攻击机超低空飞，他想玩儿特技，从登山缆车索道底下过去。结果玩儿砸了，把缆车撞下来了，车上20多人全摔死了。这20多人都是欧洲公民，意大利人、德国人、瑞士人，被飞机撞下来了，怎么也算个交通肇事吧？但最后也没什么事，回国后不了了之了，所在国法律管不了他。

补充条约中，片面最惠国待遇②，是咱们要强调的问题。我们中国的特产进入你们美国零关税，你们的特产进入中国零关税，这是相互给予对方最惠国待遇，现在是片面的，你给他，他不给你，你上哪儿说理去？关键是英国人聪明，在片面最惠国待遇里面加了一个"一体均沾原则"。我们英国要了这么多利益，万一以后某一个国家比我们英国要的利益还多，则英国自动享受，你给他就等于给我了。后来所有国家都要求这个，连拉丁美洲的香蕉共和国都要一体均沾。咱大清糊涂了，一看见蓝眼珠、高鼻子就跟人家签，到后来当然跟这

① 治外法权是指免除本地法律司法权的情形，一般是互相给予。
② 片面最惠国待遇是指一国在通商、航海、税收或公民法律地位等方面给予另一国享受现时或将来所给予任何第三国同样的一切优惠、特权或豁免等待遇。

些国家都废了，咱改订新约了。一看秘鲁还不如我们大清呢，你也人五人六跟我签这个？咱跟强国废不了，跟弱国可以废了，拉丁美洲的香蕉共和国可比我们中国差远了。

通商口岸租赁土地房屋永久居住，这就形成了后来的租界。英租界、法租界、公共租界，租界中国法律管不了，杀了人往里面跑就安全了。上海滩正式进入了租界时代，香港新界是租借地，跟租界还不一样。

1844年，美国和法国强迫清政府签订《望厦条约》、《黄埔条约》。《望厦条约》使美国享有英国在《南京条约》及其附件中取得的除割地赔款外的一切特权。除了割地赔款外，别的特权美国都要。同样是对外进行侵略，也有水平的高低。相比较而言，美国的"侵略艺术"水平是比较高的，它很少直接出兵去占领某个国家。有些人低能一点，弄十几万军队驻在那里多傻啊！苏联才这么干，日本才这么干，德国才这么干，这种艺术程度比较低的事，美国不爱干，它扔美元、饼干、酸奶的时候比扔炸弹的时候多，比如打伊拉克。根据这一条约，美国兵船可以在中国巡查贸易，美国人进入中国的港口，中国领海主权遭到破坏。美国人来到中国，开设医院、建立教堂。医院、教堂更多是为自己服务，我们的望闻问切，美国人不知道准不准，开设教堂，是解决美国公民的精神信仰问题。

《黄埔条约》使法国享有美国在《望厦条约》中的一切特权。天主教在中国自由传教。1723年，清世宗雍正皇帝曾下诏禁教，这时法国规定可以自由传教，即禁教后121年，天主教跟随着坚船利炮又回到了中国。基督教（广义）在中国是三起三落。在唐朝，当时尚未分裂的基督教会的一个派别聂斯托利派传入中国，称为景教，唐武宗灭佛，捎带着连它也灭了。天主教最早传入中国是在元朝，1294年意大利方济各会会士孟德高维奴以教廷使节身份来到中国，并获准在京城设立教堂传教，天主教正式传入中国。其主要在宫廷上层传播，后随元朝灭亡而中断。16世纪，以利马窦为首的耶稣会士再度将天主教传入中国。至清康熙年间，由于罗马教廷挑起"礼仪之争"①，不准中国教徒敬孔祭祖，而遭皇帝禁教，天主教再陷低谷。这次跟着洋人的炮舰进入中国的天主教、基督教，已经是第四次进入中国。

李鸿章急中生智

鸦片战争让五千年的文明古国，受到前所未有的奇耻大辱。这些不平等条约，一个比一个要的利益多。中国的独立主权、自然经济开始遭到破坏，中国在突如其来的变故中，由传统走向现代。

柏杨先生曾经写道："一些中国曾经听说过，或从没有听说过的弹丸小国，在过去就是前来进贡也不够资格的，现在排队而来②。"葡萄牙、西班牙、比利时、普鲁士、奥匈帝国、意大利、荷兰、丹麦、瑞典等国——和中国签订了条约，而且都享有和《南京条约》中英国人享有的一样的特权。道光年间，葡萄牙人竟然驱逐中国在澳门的官吏，停付租金，公然强占了澳门。中华帝国顿时陷入了半殖民地状态。

纵观《南京条约》、《虎门条约》、《望厦条约》、《黄埔条约》，以及以后同英法联军签订的《天津条约》、《北京条约》等，前四约不过是不平等条约的滥觞，后面可谓是不平等条约的大成。此前的不平等条款，如协定关税及领事裁判权等，完全是由于我们的无知而自动放弃。到《天津条约》，外国人才有意把已得的特权变为义务。在这一过程中，随着中国同西方外交关系的深入，新鲜事物不断涌入，中国现代化进程的步

---

① 礼仪之争是在天主教向中国传播时，围绕对孔子和祖先的崇拜、对天的祭祀、关于天主的名称及内涵问题发生的争论。这一事件几乎危及天主教在中国的存在。

② 引自《中国人史纲》，柏杨著，山西人民出版社，2008年10月版。

伐也在加快。

鸦片战争后，清政府同外国的交往日益增多，清政府统治时期的中国，没有国旗，也没有国歌，只有象征皇权的黄龙旗。1889年，张荫桓出使国外，请求朝廷定长方形黄色龙旗为国旗。1896年，李鸿章作为外交特使，出使西欧和俄国，在欢迎会上，按照国际惯例要演奏主、宾两国国歌，李鸿章灵光一闪，临时想出一首唐朝人的七绝诗，以充国歌。歌词让人很无语："金殿当头紫阁重，仙人掌上玉芙蓉。太平天子朝元日，五色云车驾六龙。"在不断的交流与撞击中，中国将迎来一次前所未有的巨变。

在此过程中，中国社会的性质发生了变化。中国主权遭到破坏，卷入世界资本主义市场，自给自足的经济逐步解体。中国在资本主义世界市场里面，成为提供市场和原材料的一方。

社会性质的变化引发社会矛盾变化。由地主和农民的矛盾，变成外国资本主义和中华民族的矛盾，封建主义和人民大众的矛盾，而外国资本主义和中华民族的矛盾成为各种社会矛盾中最主要的矛盾。中国近现代史基本上都是这样，只要一有外敌入侵，中华民族到了最后时刻都能凝聚在一起，"兄弟阋于墙，外御其侮"，团结在一起一块儿干，而敌人只要一打跑，内部矛盾就上升为主要矛盾了。

而革命任务也发生了变化，战前革命任务是反封建，就是反对本国的封建统治；战后就变成反侵略反封建，所以叫做民族民主革命。要建立民主的政治体制，立宪也好，民主共和也好，这个时期的革命是资产阶级领导的，称为旧民主主义革命。

鸦片战争使中国开始沦为半封建半殖民地社会，那么中国的抗争与探索也就开始了。中国的国门刚刚被洋人打开，中国的斗争与探索只能是中国的传统阶级，也就是中国的地主和农民来进行。

02. 惹不起你，我躲得起

女皇再挑事端

1850年，时年19岁的咸丰帝继位。中国最高统治者之间权力的交替，令国内局势以及同西方国家之间的关系，发生了微妙的变化。这位初继大统的年轻帝王心潮澎湃，大清国的妥协退让令他蒙羞，群众抗英的斗志，深深打动了这颗年轻躁动的心。他再次推行对外强硬路线，支持官员不同西方使节交往。

广东巡抚叶名琛是个传统士大夫，很是顽固①。咸丰二年（1851年）升任两广总督，在广东负责外交，常以"雪大耻、尊大体"为己任。叶总督对于洋人的态度同咸丰帝一致，四个字："不屑一顾"。洋人的公文往来，叶总督的批示往往寥寥数字，有的根本就不作回复。

19世纪50年代，世界资本主义迅速发展，扩大国外市场掠夺殖民地成为当务之急。英、法、美三国，向清政府提出修约，要求中国全境开放，进一步打开中国市场，掠夺中国的原料。清政府断然拒绝修约要求，为什么朝廷拒了洋人的要求？在咸丰看来，上一次败给你，那是很偶然一不留神栽一跟头，臭不要脸又来了，还要全境开放？通商的那五口，哪一口皇上也没去过，也就是康熙爷、乾隆爷下过江南，别的清朝皇上就在北京待着，了不起上一趟承德，再了不起上一趟沈阳，别的地儿不去。五口离皇上远着呢，我们不就是很偶然打了一场小败仗，以江南百万生灵为念，不爱理你，跟你签了约，你恬不知耻又

---

① 咸丰上任后，查处了一批在鸦片战争中主和的官员。叶名琛之前，咸丰起用的两广总督徐广缙也是个不愿与外敌妥协之人。

来了，还要全境开放，没门儿！夜郎自大的大清，给了英法再次侵略中国的借口。1856年英法发动侵略中国的战争，叫做第二次鸦片战争。头一次鸦片战争想要什么？市场和原料，"二鸦"还是为了这个目的。

1856年10月，英国利用"亚罗号事件"制造战争事端。"亚罗号"本是一艘中国船，后被海盗夺取，船上所有的人都是中国人，叶名琛在该船上抓捕了一名海盗，也是中国人。这本是中国的家事，与英国人无关。只是这艘船为走私方便，在香港的英国政府处注册，挂上了英国国旗。英国驻广州代理领事巴夏礼在英国驻华公使、香港总督包令的指使下，致函两广总督叶名琛，称"亚罗号"是英国船，中国兵勇侮辱悬挂在船上的英国国旗，要求送还被捕者，并赔礼道歉。广东巡抚叶名琛最初据理力争，但很快就妥协退让，将全部人犯送到英领事馆听任处置。巴夏礼为使事态进一步恶化，百般挑剔，拒不接受。10月23日，英舰突然闯入虎门海口，进攻珠江沿岸炮台，悍然挑起侵略战争。接着，英军炮轰广州城，并一度攻入内城。当地军民英勇抵抗，英军因兵力不足，被迫于1857年1月退出珠江内河，等待援军。

为了扩大侵略战争，英国政府于1857年3月任命前加拿大总督额尔金为全权代表，率领一支海陆军来中国；同时向法国政府提出联合出兵的要求。法国为了换取英国支持它在越南获得的利益，便接受了英国的建议，派葛罗为全权代表，以"马神甫事件"[①]为借口，与英国联合出兵。

英法联军每隔10分钟向广州开炮一次，炫耀武力，叶总督拒不跟洋人谈判。他的政策被后人总结为：不战，不和，不守；不死，不降，不走。叶总督的方式似乎比较符合进退失度、既怕挨打又想维护风度的咸丰爷的作风。洋人

---

① "马神甫事件"，是指法国天主教神甫马赖违法进入中国内地活动，于1856年2月在广西西林县被处死一案。

打来，叶名琛请示朝廷怎么办，咸丰皇帝圣谕：中原未靖，岂可沿海再起风波？就是不能跟洋人打仗。皇帝告诉叶总督上不可辱国体，下不可开战事。叶名琛就傻了，皇上这算什么主意？不辱国体就得打仗，不打仗就得辱国体，他也不知道该怎么办，求吕洞宾显灵吧，亭子里挂着吕大仙的画像，吕祖显灵保佑我打退英法，直到英法联军攻进广州，叶名琛被俘，押走上船。上船的时候，叶总督心情很放松，顶戴花翎补服纱褂打扮得跟上朝似的，随从以手指海，示意他自尽以全臣节，他装没看见。等船开了叶大人发话了，我要到英国面见英王，与她当面论理，给她上课去。我打不过她，还说不过她吗？两榜进士，两广总督，中国差不多最有学问的人，就这样认识世界，没学问的中国人也不想知道世界是怎样的。叶名琛被侵略军俘虏，解往印度加尔各答，辗转流离，不食异乡粟米绝食而亡。这位清末的官吏怎么都不会想到，自己会流亡海外，客死他乡。

名将的溃败

距离第一次鸦片战争20年后，大清还是这样的，有海无防，太容易打了，联军一下就攻占了广州。占领广州后，第二站定海，第三站就直奔天津，终点站北京，路线跟第一次鸦片战争一模一样，特快。

1858年英法联军夺取大沽炮台，占领天津。美俄两国公使也随同到达天津白河口外。皇上派人议和，英法美俄四国强迫朝廷签订了《天津条约》，内容主要包括：第一，允许外国公使进驻北京。公使进驻北京是符合国际法的，但就这一条皇帝最不能接受。我宁可多开几个口岸，多赔一点钱，公使进京绝对不允许，我不能面见外夷。外夷见我不下跪，这绝对不行。后来，答应也得答应，不答应也得答应。中国大概第一个见洋人公使的是同治皇帝，在中南海紫光阁。紫光阁是专门接见越南、朝鲜这些藩属国的地方，洋人也不知道，傻呆呆地来了，见本国君主是三鞠躬，见大清君主是五鞠躬。大清直至1875年，才开始向外派出使节，第一个出使英国的是郭嵩焘，也算礼尚往来了。

第二，开放十个通商口岸，这十个通商口岸已经遍及中国沿海，深入长江中下游。

第三，外国舰船进长江。这破坏了中国内河主权，领海早就已经破坏过一回了，又破坏了中国的内河主权。内河绝对不能对外开放，美国军舰有访问上海的，访问湛江、青岛都可以，什么时候见过美国军舰访问武汉？长江万吨巨轮都能进去，一般驱逐舰当然可以进去，但我们不会邀请美国军舰访问武汉，内河绝对不对外开放的，但当时都开了。

第四，允许外国人在中国游历经商传教。最起码人家可以踏遍你的山山水水，搞间谍活动很方便。最后你还得赔款。

《天津条约》签订后，英法联军从大沽炮台撤兵。1860年，联军再战天津，进逼北京，所为何事？咸丰帝一直对于英法侵略者自行退去抱有幻想。《天津条约》满足了英法联军的要求，但对于北京驻使和长江通商等条款一直没有答应。朝廷调蒙古名将僧格林沁亲王同英法联军作战。蒙古骑兵在八里桥之战中表现得异常勇敢，冒着敌人的密集炮火，多次冲向敌军阵营进行英勇的战斗。敌军官吉拉尔在《法兰西和中国》中对清军的英勇作战做了详细的描述：光荣应该属于这些好斗之士，确实应该属于他们！没有害怕，也不出怨言，他们甘愿为了大家的安全而慷慨地洒下自己的鲜血。这种牺牲精神在所有的民族那里都被看做是伟大的、尊贵的……这样的英雄主义在中国军队里是经常可以看到的；而在欧洲则以讹传讹，竟认为中国军队是缺乏勇气的，此乃一大谬误。八里桥之役，中国军队以少有之勇敢迎头痛击我们。他们的军队是由25 000名骑兵和为数众多的民团所组成的，然而还是打不过人数较少的欧洲人，这也的确是事实。法国和英国的炮兵压倒了他们的箭、矛、迟钝的刀和很不像样的炮。尽管他们呼喊前进，勇猛和反复地冲杀，还是一开始就遭到惨败！

联军此时的装备水平可比第一次鸦片战争强多了，最起码子弹是定装，不用先倒药再装弹丸了，射速比那时候快多了，我们依旧还是刀矛弓箭，还是这玩意儿，镫里藏身，连马都炸死了，镫里能藏什么身？联军阵亡十余人，伤20人，清军却是损失惨重。咸丰帝本打算"亲统六师，直抵通州，以伸天讨而张挞伐"，但接到僧王溃败的消息，便顾不得群臣对他坚守京师的请求，让他的弟弟恭亲王奕䜣担任议和大臣，留守北京，自己逃往避暑山庄。

恭亲王的委屈

僧王本打算战死沙场以报国家的，突然接到皇上圣旨："卿以国家依赖之身，而与丑夷拼命太不值矣。"僧王一看皇上不让我死，那就别死了，追随皇上去吧。皇上奔哪儿了？承德，到木兰围场打猎去了。洋人打到家门口了，天子亲征？兵都没了，带谁亲征去，怎么办啊？所以宗庙社稷黎民百姓就抛给了侵略者，让自己的弟弟恭亲王奕䜣留守北京，皇上到木兰围场打鸭子、兔子去了。

恭亲王可就气着了，平时不用我，让我闲废了这么多年，国难临头，你跑了，让我在这儿待着，签订城下之盟？

恭亲王与咸丰都是宣宗皇帝的儿子。宣宗共有九子，咸丰是老四，恭亲王是老六，头三个儿子都死了，老四就变成了老大。清朝的皇子读书都是很用功的，哪个皇上的字拿出来都是书法家的水平。宣宗的大皇子读到22岁，应该大学毕业分配工作了，皇上还让他念书，他念烦了，整天吊儿郎当。老师就批评他，你不好好读书，将来怎么君临天下，怎么做皇帝？他当时被逼恼了，跟老师说，我当了皇帝第一个剁了你。老师一听，找家长告状去了。宣宗急了："把那畜生给我叫来！"大阿哥奕纬哆哆嗦嗦地来了，跪下磕完头，刚一起身，皇上一看："没出息的东西！"一脚踹去，没想到，躺了三天死了。然后老二老三也跟着死了，不知道是吓的还是怎么了。

所以宣宗皇帝一直无子，他非常后悔，怎么就把儿子一脚给踹死了呢。后来老来得子，49岁才有了咸丰皇帝，然后五六七八九就接上了，九个儿子。老四居长，老六贤德，现在历史学家给老六做智商测算，按照他的文治武功、待人接物各方面的得分跟乾隆大帝接近。要能即位的话，最起码没有慈禧太后祸国乱政这些事了。但历史不能假设，到底立谁，宣宗皇帝也拿不准主意，那就围场射猎，考校两个人的武功吧。咸丰皇帝肯定武功不如奕䜣，奕䜣自创的刀法枪法，都留在中华武术的套路里了，文武全才。咸丰不行，怎么办呢？打猎的时候他一枪不放，一箭不发，交了白卷。等宣宗一问，他说我不忍心打，春天草木繁育，万物生长，我怕误伤母兽，使小兽失亲，小兽没有母亲，没有奶喝，也会饿死，所以我不忍心打。皇上非常高兴，我儿仁孝啊，大清以孝治天下，你对动物都这么爱护，将来能不爱护黎民百姓吗？奕䜣非常生气，你明明打不着，却说不忍心，我费了这么半天劲，弄一个虐杀动物，哪儿说理去？

这个时候宣宗皇帝心思就动了，我到底要传位给老六，还是传位给老四呢？宣宗道光一日病重，自觉不祥，恐怕要驾鹤西游，于是召集四、六两个儿子进宫论对，以便决定到底传位给谁。两位皇子进宫前都向老师讨教对策，老六入宫之前老师告诉他，皇上问什么，知无不言，言无不尽，一定要让皇上明白你是一个合格的接班人。所以皇上一问我死了以后，你打算怎么理财啊，六阿哥说得头头是道；你打算怎么治国，怎么赏罚啊，说得特别好，皇上心里很踏实。看来这个接班人不错，但也有一丝不快，合着我死了之后的事你想得这么清楚，什么意思啊？等咸丰要入宫的时候，他的老师杜受田，后来谥号文正，跟曾国藩一样，清朝一共只有八位大臣死后谥号文正。杜文正公善于揣度圣意，就告诉咸丰皇帝，说阿哥见识不及六爷，皇上问什么都不要回答，皇上只要自言老病，不久于世，唯伏地痛哭。所以咸丰一进门就哭，哇哇哭，父皇一开口问，他就说皇阿玛死不了，万寿无疆永远健康，皇上一看，这儿子孝顺。最后宣宗皇帝立遗诏的时候，皇四子为太子，皇六子封亲王，这是清朝皇帝秘密建储圣旨里唯一的一份写两人的，四子做太子，将来承继大统，皇六子封亲王，恭亲王不是哥哥封的，是他爹的遗诏里面封的。所以这哥俩心结、矛盾很深。

道光病逝后，奕詝即位，改年号为咸丰，封奕䜣为恭亲王。咸丰之所以在亲王爵位前加一个恭字，自然希望这位深受父皇喜爱的弟弟对自己也能恭敬服从。咸丰对奕䜣感情很复杂，一方面对其另眼相看，曾经把京城最好的一座宅邸赐给奕䜣，一方面对他颇为提防，基本上咸丰在位的这些年，恭亲王就闲废着，今天让他扫墓，明天让他守灵，整天干这些。

现在外敌打到眼前了，兵临城下，皇帝自己跑了，让弟弟去顶，多少有些不地道。咸丰死前，还留着一手，找了八位大臣看着奕䜣，所以后来为什么恭亲王跟慈禧联合起来发动政变，把这八大臣给干掉，跟这个事是有关的。皇帝归天，储君年幼，怎么着应该王叔辅政，你弄八个不相干的人辅政，虽然其中有几个远支皇族，但都不用我，这就不合适了。

圆明园之劫

攻占了北京城的英法联军，焚抢了圆明园，联军是焚抢，圆明园可没毁，不过确实是经历了一大劫难。被誉为万园之园的圆明园被抢后，英国《泰晤士报》称："据估计，被掠夺和破坏的财产，总值超过600万英镑，在场的每个军人都掠夺了很多，在进入皇宫的宫殿后，谁也不知道该拿什么，为了拿金子，而把银子丢了；为了拿镶有珠玉的首饰和宝石，又把金子丢了；无价的瓷器和珐琅器，因为大得不能运走，竟被打碎……"抢劫一空的圆明园最终还被英法联军焚烧殆尽。据当年目击者的记录，接到焚烧命令后，顷刻间，就看

火烧圆明园

见重重烟雾由树林里蜿蜒升腾。不久，缕缕的烟集合成弥天乌黑的一大团，万万千千的火焰向外爆发，眼青云黑，遮天蔽日。但看1870年的圆明园照片，尤其是西洋建筑，还都存在。

圆明园经历了三劫，火劫、石劫、土劫。第一桩是火劫，始作俑者是联军。石劫就是咱自己人干的，圆明园一荒废就没有护军把守，谁家盖房子都从里面拉石料，台阶、华表全给拆走，一点儿不留都给端了。19世纪末，土劫，老百姓进行开荒，围湖造田，圆明园就彻底毁了。圆明园是谁的？是皇上的，不是中国的，不抢白不抢。家天下就会出现这种结果，化国为家，老百姓就没有国家概念，这是你们家的，我抢一点是一点，没有人觉得是在保卫我的国家，我的民族。联军抢完了，老百姓大着胆子进去，拿吧，没人管。

英法联军抢劫并焚毁了圆明园之后，强迫朝廷签订了《北京条约》。27岁的奕䜣，对于外交事务全无经验，却也不得不在皇城下，处理一个王朝的命运。该条约第一承认《天津条约》有效，第二增开天津为商埠，第三割九龙司地方一区给英国，第四准许华工出国。英法两国估计缺人缺疯了，打起了华人的主意，华工出国干吗？做苦力、奴隶。很多小伙子晚上一人在街上走，后面来一棍子，麻袋一套，一睁眼在船上了。拿烙铁烧红了在你胳膊上烫一个P，去秘鲁；烫一个A，去澳大利亚。现在海外定居的华人，说我们家四代定居在此，都不会说汉语了，那第一代不是P就是A，都是这么来的。尤其是去美国修铁路，大西洋通到太平洋的每一根枕木下都有一个华工的冤魂。中国人聪明能干，一教就会，所以干活都用中国人。

最后，赔款增加。英、法军费各增至800万两，恤金英国50万两，法国20万两。《北京条约》签字不久，英法联军便离开北京。因为这次令恭亲王难堪的签约之缘，英国从此竟致力于支持由恭亲王为首的对外和平妥协派。

战争期间，俄国趁火打劫，侵占我国北方大片领土。19世纪50年代末到80年代吃掉150多万平方公里，民国初年在政权更迭时，又占唐努乌梁海、科布多17万平方公里。现在俄罗斯的图瓦自治共和国，独立的外蒙古，共计160万平方公里土地也被俄国划走。中国在近代史上就损失土地300多万平方公里，占中国陆地表面积的1/4。中国的版图原来像一张秋海棠叶，被北边的熊咔咔一啃，就变成了瘦鸡一只。

03. "太平城"里"太平军"

天王"革命"动机怪

洪秀全，原名洪仁坤，广东花县人。他爹是邻近诸村的保正①，家里薄有田产，社会地位和经济条件在当地是好的。他有两个哥哥，三兄弟中唯有他读书求功名。洪秀全7岁入本地私塾读书，从13岁考到30多岁，考了四次，都未能考上秀才。洪秀全学问太陋，总是达不到小学毕业水平。1857年"太平天国"刊印颁行的经典官书之一《天父诗》，收选了500首"天王"的大作，其中476首是洪秀全进入南京头三年中写给后妃的，叫妻妾宫女们背诵。我们可以学习一下天父的诗，是洪天父订的"十该打"条规：

服事不虔诚一该打。硬颈不听教二该打。

起眼看丈夫三该打。问王不虔诚四该打。

躁气不纯静五该打。讲话极大声六该打。

---

① 保正是宋朝开始设置的意在加强民间统治的官职。500户设一保正，掌管户口治安、训练壮勇等事。

有唤不应声七该打。面情不喜欢八该打。

眼左望右九该打。讲话不悠然十该打。（诗17、诗18）

起眼看主是逆天，不止半点罪万千。（诗197）

看主单准看到肩，最好道理看胸前。（诗237）

因何当睡又不睡，因何不当睡又睡。

因何不顾主顾睡，因何到今还敢睡。（诗294）

看完"天王"创作的这些诗歌，大家就会明白他为什么四次参加科举都考不上了。"天王"在一再落榜到公开造反期间，不止一次坐馆当私塾先生，教小孩识字和文化基础知识，私塾先生是当时相当多老童生所从事的不固定职业。一般说来，此类老童生的收入比普通农民好不了多少，只是身份不同罢了。

1837年洪秀全第三次参加科举，并再次落榜。这个一向自视极高并被族人寄予厚望的人，这回现大了。精神、心理受到巨大打击的洪秀全，回到家里，随即大病一场，发烧做梦，据说梦见了上帝。洪秀全梦里的上帝是个身着黑袍、背一把龙泉剑的白胡子老头。进过教堂的人看见过耶稣像、圣母像，上帝是什么模样？上帝是个灵。洪秀全见到的大概是太上老君。全知全能的上帝，也不知道用什么语言跟他交谈，没准上帝也会讲客家话。反正就这么个人，把龙泉宝剑交给他，让他到人间斩邪留正，并且跟洪秀全说你是我的二儿子。上帝唯一的儿子应该是耶稣基督，他非说是上帝的二儿子，这容易让上帝解释不清楚，人品败坏、满口诳语嘛。烧糊涂了的洪秀全依稀记得一本宣扬基督教的小册子上有天主上帝几个字，经过本土改良，他开始小范围传播他的"教"。

这应该是强烈刺激造成的轻度精神病变。

不过，洪"天王"勇气实在可嘉。1842年，洪秀全第四次参加了科举考试，却依旧不尽如人意，榜上无名。一起落榜的冯云山出于对考试的极端不满，从星相术角度看出洪秀全"多异相"、"有王者风"，鼓动洪秀全造反。冯的劝说，符合洪秀全烧糊涂时的梦幻，于是洪"天王"彻底断了科举仕进的念头。老洪决心造反之后，正式改名为洪秀全。据学者潘旭澜[1]分析，洪先生改名是很费一番心思的，秀全拆开，是"禾（吾）乃人王"。回顾洪"天王"走过的这些路，简括地说，进不了学，考不上秀才，是造反的决定性原因，造反是为了做人王。做了人王，不但可以实现"等我自己来开科取天下士"，还能够"手握乾坤杀伐权"，杀尽所痛恨、憎恶的人。当然不只是造反、报复，更重要的是占有和享受：占有一切，"禾乃玉食"，"世间万宝归我所有了"。这些早期直言不讳的言志，说明了洪走上"革命"道路的初衷[2]。

"太平天国"真是中国近代史上的一幕滑稽剧。甭管什么宗教都是博爱不杀生，洪秀全创立的拜上帝教，目的却是反政府。

阴差阳错的机遇

中国民族革命的洪流，起伏约200年，"太平天国"最终成在两广地区，成为汹涌的波涛发展起来有其深层次原因。英国在广东受了多年压迫，对于广东政府和人民怨气颇深，好不容易打了胜仗，对于此地人民的盘剥便开始变本加厉。此处积怨最深。加之，广东人民族观念强，性情刚毅，从第一次鸦片战争起，广东人民便自发地组织三元里平英团抗击英军。而地方官吏不能处理，

---

[1] 潘旭澜（1932-2006），汉族，福建南安人，1956年毕业于复旦大学中文系。其所著《太平杂说》在史学界影响很大，是一部不多见的优秀作品。

[2] 参阅潘旭澜《色情、贪腐与杀戮：揭开洪秀全的历史真面目》，原载于《炎黄春秋》2005年第2期。

压抑人民顺外夷。广西同广东交界，所以两广地区的人仇英仇官便是常事。

作为最早受到资本主义压迫的两广地区，人民一方面要抵抗外力，一方面要反抗政府，转而发展成为一种自觉。两广成为革命的策源地，有一定的群众基础，两广地区，民间自发组织的抗英活动不断，民间流传着"百姓怕官，官怕洋鬼，洋鬼怕百姓"的说法。

广东相对来说比较发达，广东人见过真的基督教，人家不信洪"天王"那一套，于是他辗转到了广西深山里传教。两广地区对于朝廷和洋人的仇恨，可谓一触即发，洪秀全起事的时机比较成熟。

1851年洪"天王"金田举事前，朝廷得到密报，派前云贵总督林则徐前去平定叛乱。当时林则徐正生病卧床，接到命令后星夜兼程，病情加重。其子心疼老爸，劝他休息，林则徐回答：我在新疆，两万里冰天雪地里尚且只身持戈从来没有说过苦，现在又怎么会害怕劳累？林则徐随手写了一联："苟利国家生死以，岂因祸福避趋之。"继而继续赶路。带病急行的林则徐最终死于半路。得知林文忠公要来的洪秀全一伙本准备作鸟兽散，结果没想到林文忠公半路离世，这下子一场大戏就开始上演了。

后宫数字化管理

金田起义后，洪秀全建号"太平天国"。刚弄一村就建国，这也太失策，一下子把朝廷的注意力吸引过来。这可不是小流氓偷鸡摸狗的行为，这可是性质严重的反革命颠覆政府的大动作，朝廷立马调集重兵进行镇压。

洪秀全在转战中攻下一乡，就自称"天王"。就是这个打了一个村就建国，打了一个乡就称"天王"的主，称"天王"的时候，光嫔妃就有36人，什么叫邪教，这就是！不光骗财还骗色，不过那个地方大概也没什么色。到最后洪秀全80多个妃子，都认不全，只能编号，一号妃二号妃，完全实行数字化管理，清朝嫔妃最多的乾隆爷也只有50多个。

"太平天国"实行一夫多妻制。天国重要领导人杨秀清公开承认："兄弟聘娶妻妾，婚姻天定，多少听天。""天王"洪秀全拥有的妻妾是有准确数字记录的。据"太平天国"多位人士供认，洪秀全耽于女色。1864年湘军收复南京，"幼天王"洪天贵福被俘后称："我现年16岁，老'天王'是我父亲。我88个母后，我是第二个母后赖氏所生。我9岁时就给我4个妻子。""天王"有88个后妃，已经超过了历代封建帝王的三宫六院七十二后妃的人数，"天王"可以日日醉卧温柔乡了。

攻下南京后的洪"天王"，满足于半壁江山到手，全心投入自己的天子生活，"天王"从41岁进南京，到1864年52岁时自杀，11年中从未迈出过京城一步。正值壮年的洪秀全大小事务全部交给了底下人，既不指挥杀敌，也不过问朝政。进驻南京后，洪"天王"每过生日，部下蒙得恩就要为他献上美女6人；每年春暖花开之际，蒙得恩还要在天京13道城门口为洪秀全选美女；后来干脆明文规定：所有少妇美女俱被"天王"选用。1861年太平军进取苏浙的时候，洪秀全又从李秀成选送到京城的3000名美女中挑出180人收入"天王"府。"天王"府宫中有横直均八尺的大雕花床，干什么用的，不言而喻。

洪秀全一共拥有多少女人，恐怕永远难以准确统计。据一本叫做《江南春梦笔记》的书说，"天王"府不设太监，妃嫔加上服役的女官，总计有2300多名美女，陪侍洪秀全一个男人。

洪秀全在后妃的管理上，有他的过人之处。他的88个后妃，一律没有封号，统称为妻。因妻妾太多，洪秀全自己连姓名都记不住，怎么传唤享用呢？洪秀全来了个古今中外后宫史无前例的创举，数字化依次编号，于是就有了第25妻、第73妻等旷古未闻的名目。至于上千个如花似玉的宫女，更是比妻妾还要等而下之的备用享乐工具，所以连个数字编号都摊不上。洪秀全不理朝政，把精力放在了管理后宫上。后宫女人不敢惹恼"天王"，"太平天国"成立之初，"天下多男子全是兄弟之辈，天下多女子尽是姊妹之群"的口号，多少有些可笑。曾国藩捉摸不透他的这位对手，也绝对想不到自己处心积虑剿灭的对象，日日坐享荣华，夜夜在后宫与嫔妃娘娘饮酒笙歌，生活竟是这般模样[1]。

初到富贵城

在永安，洪秀全重赏手下，封了五个"王"，这封王的词估计是老洪从戏台上学来的。文盲杨秀清为"东王"，"管制东方各国"，应该包括日本；帮会头子萧朝贵为"西王"，管制西方各国，不知道英国听不听他的；军师冯云山为"南王"，当然包括马来西亚都归他管了；地主韦昌辉是"北王"，俄罗斯的地界都归他管；最后是"翼王"石达开，石达开是"太平天国"里学历最高的，武举出身，据说还能写两笔诗，应该不是秘书代笔。洪秀全智商太低，没有驾驭群雄的本领，他的朋友洪大全、谋士冯云山、勇将萧朝贵都战死，更使他失去了灵魂。洪秀全让杨秀清独掌大权，其他人都受他节制。"天王"称万岁，"东王"称九千岁，"西王"八千岁，"南王"七千岁，"北王"六千岁，"翼王"五千岁。这就是"太平天国"的"首义六杰"。

攻占永安后，"太平天国"继续北伐，洪秀全的人马占领南京，改称天京，定为都城。据说这个时候的洪秀全拥兵50万，战舰上万艘，估计这50万一半是家属，你想光他就有多少个家属？这个时候，从广西那么个山旮旯里打到了南京，下一步应该北上，直捣黄龙！

洪秀全若是全军北上，拿下京城，不是不可能，问题是洪秀全哪有如此政治智慧，南京是六朝古都，文章锦绣地，温柔富贵乡。洪秀全到那儿眼珠子都不够使，天堂路就从这儿开始，该开始造了。洪秀全盖起了豪华"天王"府，

---

[1] 参阅《追寻历史的真相》，张秀枫著，河南文艺出版社，2008年2月出版。

占地面积与北京紫禁城相仿，紫禁城可是1300万平方公里的帝国皇宫。洪秀全只占了三座城市，南京、镇江、扬州，就建这么大一个"天王"府。老百姓讲话叫小人乍富，忘了自己干什么的，完全是暴发户心理。建了府的洪"天王"，终日不理朝政，在"天王"府里，陪着那些个妃子。业余时间，编一些"天书"。他不见大臣，一见大臣，大臣就该明白"天王"的水平。朝政归"东王"杨秀清来管，这腐败的程度也算得上是惊为天人。

"天王"的排场

"太平天国"最低的官叫两司马，一共管25家人，出门要坐4人抬的轿子。25家去掉女人、小孩，能剩下多少男人？里边还有4个得给他抬轿子，也不知道能不能找到轿子，不行就把八仙桌倒过来扛着走。清朝七品知县是两人抬的小轿，总督是8人抬，皇帝是16人抬，皇帝出殡的时候，梓宫是128个人抬的。洪秀全的轿子是64人抬，杨秀清48人抬，他们一出来南京全城戒严，老百姓都得背对着他们的仪仗队，跪在路边，如果冲撞了他的仪仗队，斩首。再厉害点的，凌迟，点天灯，把你熬成油，这事多了去，洪秀全的想象力多丰富，滥用私刑。要知道清朝谋大逆才是凌迟，一般人享受不到这个"待遇"。

洪秀全暴虐无度，他还没有当"天王"时，就经常将妻子打得要死。进入南京后，参照"天王"的佳作《天父诗》，"天王"反反复复地强调，惹他发火就是死罪，他发火就要杀人，众人要一齐跪求"天王"息怒，不求就别怪洪"天王"大开杀戒。洪秀全对妻妾、宫女尚且如此，对他所敌视所不满的人就更不用说了。他从决心造反开始，作诗言志，订条规下诏书，动不动就是杀、诛、斩首不留、一同皆斩、该诛该灭、放胆杀妖，可以说是念念不忘，杀声连天。由于他不断号召、明确规定和直接命令，部下官兵在非战斗场合，杀人也如同割草。太平军打进南京清除妖人的做法令人发指。清朝官员、僧尼道士、商人、儒生乃至医生、店员、艺人，都被当成妖人，掳掠屠杀不在话下。"凡掳之人，每视其人之手，如掌心红润，十指无重茧者，恒指为妖，或一见即杀，或问答后杀，或不胜刑掠自承为妖杀，或竟捶楚以死。"不少汉族大小官员、绅士、读书人，逃不掉又不愿死在太平军手里的，全家便一同自杀。洪秀全就在这种血腥恐怖中，在太平军的跪迎之下，无限风光地进入"天京"。

王位大批发

天朝的人事任免制度自然就是洪"天王"说了算。"太平天国"本有"首义六杰"，可是内讧不断。韦昌辉杀掉杨秀清，接着韦昌辉被处死，继而石达开率领精锐部队出走，天国几乎是朝中无人。

生性多疑的洪秀全估计被争斗、猜忌伤透了心，干脆任人唯亲，分别封自己的两个哥哥洪仁发、洪仁达为"安王"、"福王"，自家人名虽掌权，实则是洪秀全借此希望压制、监视石达开。不过这两人实在太荒唐、愚蠢了，洪秀全迫于满朝反对，不得已取消两个昏庸兄长的王位。为不引起事端，这两个哥哥虽不做王，但洪秀全依旧对他们言听计从，后来又再改封为"信王"、"勇王"，二人一直干预朝政，掌握实权。

在"太平天国"，自家人还是最受信任。洪秀全也敢大胆提拔一些年轻将领，天京危急之时，洪秀全更是明确宣布，朝政由洪仁玕执掌。洪仁玕，是洪秀全的堂弟。因为本家人可靠，又不像两个老哥那样粗鄙，就立马三级飞升。洪秀全家族十多号人，一概封王。洪秀全外甥"幼西王"萧有和，很受洪秀全喜欢，洪临死前不久，封他为前台发命者。洪秀全的女婿钟万信、黄栋梁、黄文胜，同样受宠信，个个封"王"。这些皇亲国戚，都不会打仗，不会办事，几乎个个贪暴凶横，粗鄙野蛮，胡作非为，在各地太平军中也广被厌恶却又无计可施。

不仅任人唯亲，"太平天国"更是全无章法可言，完全是由洪秀全说了算，任其恣意妄为。本来"太平天国"逼走石达开后，洪秀全把军事、行政大权揽于一身，既是皇帝又是军事长官。可是这家伙智商太低、脑容量有限，军事、行政他一样都管不好，抓在手里也无计可施，过两天就嫌烦，而且为这些事情操心费神，不符合洪"天王"的秉性，转而甩手交给他人。最可怕的是，"太平天国"的官爵混乱到了一定地步，甚至开始大肆甩卖。等"东、南、西、北、翼"五王分配完毕后，又出现"义、安、福、燕、豫、侯"六爵。

1857年，洪秀全曾宣布永不封王，但只过了一年多，就封洪仁玕为"干王"。反正尽干些出尔反尔、言而无信的事。为了安抚人心，消除诸将领的不满，洪秀全封陈玉成、李秀成等主要将领为王。洪秀全一方面想削弱李秀成的力量，一方面想多捞些银两，竟然让自己的哥哥接受犯了罪而惧怕李秀成惩处的陈坤书的贿赂，卖给了陈一个王位，是为"护王"。此举一发便不可收拾，其后，"王爵"大甩卖，"一毛钱十一个，一分不值。""昭王"黄文英说，占领区内为数不多的城镇，有王爵的人"多如过江之鲫"，达到2700多个。洪秀全兄弟甩卖王爵，将搜刮合法化，大建王府，大搞腐败。这种自毁前程的事，恐怕也只有洪"天王"能够干得出来，而且觉得自己赚翻了。"天国"完全没有章法、制度可言。上层因为毫无斗志，贪图享受，追求这些华而不实的爵位，而且互相争斗，攻伐不休。下层军民则不堪搜括之苦，不胜负担之重，苦不堪言。洋洋得意的洪秀全不过是在自掘坟墓而已[1]。

这里富佬多

"太平天国"王多，排场也大。所有受封为王的，不论等级，不分有职无职，一朝受封，立即修王府，选美人，办仪仗，出门时前呼后拥。天国最低级别的两司马都是乘4人抬的黑轿。开个会，王爷多得数不过来，门口的车位更

---

[1] 据潘旭澜《色情、贪腐与杀戮：揭开洪秀全的历史真面目》，原载于《炎黄春秋》2005年第2期。

是没法安排，王爷们的轿子找个地方停靠大概不会太方便，抬轿子服侍的人员可是多如牛毛，那场面何等威风。至今浙江还流传侍王李世贤出门坐54人抬的龙凤黄轿，轿上可以召集部下开会。因为当时王爷太多，百姓们迎不胜迎，流传出民谣："王爷遍地走，小民泪直流。"

这么多的王爷需要大量的杂役服侍，于是就抓兵拉夫，招降纳叛。反过来为了养兵，为了营造安乐窝，他们又巧立名目，横征暴敛，诸如店捐、股捐、月捐、日捐、房捐、局捐、灶捐、礼拜捐、门牌税、人头税、犒师费等达二三十种。田赋则由天朝初时制定的每亩一斗七升五合，两年中即增加到每亩七斗。

不怪农民要跟天国闹，天国定都以后，颁布了《天朝田亩制度》，废除地主土地所有制，按人口和年龄平均分配土地，每户留足口粮，其余归国库。国库就是圣库，圣库就是洪秀全的库，全交给他们家，要不然他怎么弄那么大的皇宫，88个媳妇，靠什么养活？那么多王，还有王的美人拿什么养活？那些历来为人们歌颂的天国制度和口号不可信，"有田同耕，有饭同吃，有衣同穿，有钱同使，无处不均匀，无人不饱暖"，给你地还不收粮，不收粮他吃什么，而且还得比你吃得好，满朝文武靠什么养？无非是让太平军领导，让农民成为战时打仗、平时劳作的工具，农民除了自己的口粮，其他一切都要上缴国库，尽最大可能地剥夺底层劳动人民的成果。洪秀全想通过这个方案，建立"有田同耕，有饭同食，有衣同穿，有钱同使，无处不均匀，无人不饱暖"的社会。按照当时的生产力水平，如果要建立，就是原始社会，那是开历史的倒车，中国要是这么实现了，就麻烦了，回到中世纪了。

不管是粮食，还是财宝，都进了大小王爷和地方官的腰包，太平军的各个领袖都财大气粗，到处大兴土木，讲究排场，奢侈糜烂。有人曾经记录下在"太平天国"王府的见闻，那些人的吃穿用度远非农民可以想象，据说筷子、叉、匙羹均用银制，刀子为英国制品，酒杯为银质镶金的。"忠王有一顶真金的王冠。以余观之，此真极美精品也。冠身为极薄金片，镂成虎形，虎身及虎尾长可绕冠前冠后；两旁各有一小禽，当中则有凤凰屹立冠顶。冠之上下前后复镶以珠宝，余曾戴之头上，其重约三磅。忠王又有一金如意，上面嵌有许多宝玉及珍珠……凡各器物可用银者皆用银制，刀鞘及带均是银的，伞柄是银的，扇子、鞭子、蚊拍其柄全是银的，而王弟之手上则金镯银镯累累也。"[1]短短时间内，"太平天国"的"王爷"们个个富可敌国。

保卫中国文化

"太平天国"干的事现今依旧无法想象。太平军所到之处，孔庙、岳王庙、关帝庙、佛寺一扫无余。尤其是洪秀全倾尽全城之力营造"天王"府，几乎将六朝以来的古建筑拆光，举世闻名的南京大报恩寺塔，是被炸掉的，明代故宫被拆毁得只剩一座破城门。好多名家藏书楼的藏书不是烧了，就是水浇了，或者扔粪坑里，中国数千年礼仪人伦、诗书典籍扫荡殆尽。中国文化彻底给连根刨，多少文化古籍毁于一旦。除了极少数他所需要的，其余不分良莠一概加以扫荡。洪秀全扫荡中华传统文化，并不是不要文化，而是要用自己的一套取而代之。洪"天王"推崇的是自己的那套《天条书》、《天父诗》。洪"天王"大量地造字、造词，采用了很多的方言俚语，而且洪"天王"一直有一个宏愿，便是自己出题考别人。

难怪曾文正公讲："我孔子、孟子之所痛哭于九原，凡读书识字者，又乌可袖手安坐，不思一为之所也。"意思是说只要你还是认字

---

[1] 引自英国人富礼赐所著《天京游记》。原载于《华北先驱周报》，简又文译，1935年收入《太平天国杂记》第一辑。清咸丰十一年（1861年）七月，富礼赐以英国翻译官身份访问太平天国都城——天京，后以其见闻写成此书。

的，还能坐得下去吗？都该起来跟这帮邪教徒干一场。打着革命的旗号，干着卑鄙龌龊的勾当。洪秀全想号召汉族人来反清，曾国藩比他棋高一着。我不谈民族，我保卫的是中国文化。谁要把中国文化毁掉，就是把中国连根刨掉。

可惜大清军队八旗绿营全是无用之兵，英法联军打不过，人家洋枪洋炮咱不说，连农民钉耙锄头粪叉子也干不过，朝廷每年数百万有用之饷，养此数十万无用之兵。正规军靠不上。朝廷号召各地办团练，曾文正公毁家纾难，组建湘军，去跟他们作战。

湘军本是地方团练，咸丰初年，各地暴乱，官兵不仅不能打仗，连乡下的土匪都不能对付，朝廷知道官兵无力承担剿匪的重任，只得奖励团练[1]。曾国藩的湘军，强调军队素质，他招人的时候，不要地痞流氓，都是些健壮朴实之人，保持着我国农民固有的勇敢和诚实；在编制上，比较科学，有自己的营制；而且曾国藩尤其注重湘军的精神教育，维护名教伦常是曾国藩对于湘军的要求；曾国藩的营官都是任用了一些儒生，这种"我不知战，但知无走，平生久要，临难不苟"的精神，纠正了绿营的习气；曾国藩的军饷高出绿营一倍，每次出征，曾国藩的补给都很充足；湘军多是湖南人，曾国藩利用宗族观念和乡土观念，加强队伍的团结。曾国藩的治兵之道，令整个清朝的队伍为之一新。

曾国藩传檄天下

出兵前，曾文正公发表《讨粤匪檄》，大意是说：从唐虞三代以来，历代圣人，都重名教和伦常，君臣父子关系，上下尊卑，秩序井然，如同帽子和鞋不能倒置一样。但是"太平天国"的那帮人，盗来外

---

[1] 团练是中国地方武装的一种，是在正规军之外就地选取丁壮、加以训练的地主武装组织。

曾国藩练兵

夷那套，自称崇尚天主教，自立君主，自封臣相，从君相到兵卒奴役都以兄弟相称，除了把天称为父以外，其他都以兄弟姊妹互称。而且不能自己耕作，不缴纳赋税，谓之都是"天王"的田；商人不能自己做买卖留下余钱，谓之货也是"天王"的；士不能读诵孔子之经，因为有别于耶稣的《新约》；中国数千年的人伦礼仪，《诗》、《书》典籍，都扫荡殆尽。这不仅是我大清的变数，是名教①开辟以来前所未有的事。孔孟在九泉之下痛哭，凡是读书识字之人，怎么可以袖手旁观，不思有为呢？自古以来，王道治明，神道治幽，虽然有乱臣贼子，穷凶极恶，也往往敬畏鬼神。李自成到曲阜，不犯圣庙；张献忠到梓潼，也祭文昌。粤匪焚烧所到之处，都是先毁庙宇，忠臣义士，如关帝、岳王之人，也将安放供奉他们的地方玷污，让他们的身像残缺；佛寺、道院、社坛，无庙不烧，无像不灭；这些行径，神鬼共愤，希望此次出征能够雪此之耻。

本来，洪秀全起事的时候，西方人特别高兴，罗马教廷特别派了主教到中国来考察。这玩意儿要成功了，世界上一下子增加四亿基督徒，多好啊。谁知，主教一到这儿就气死了，这哪叫基督教，上帝弄一个二儿子，这是什么事呀，简直是侮辱我们的宗教信仰！主教说教皇要是能管得着洪秀全，早把他绑在火刑柱上烧死了！

"太平天国"带来了中华民族历史上的一次大灾难。仅苏、浙、皖、赣、闽五省，伤亡人口就多达7000万。中国当时最富庶的地区，经济受到极惨重的损失。太平军所到之处，文化受到无法弥补的破坏。沙皇俄国趁清朝政府与太平军做你死我活的搏斗、东北与华北兵力空虚之机，侵占黑龙江以北、外兴安

---

① 名教，一般指以正名分、定尊卑为主要内容的封建礼教和道德规范。

岭以南60多万平方公里的土地；清政府因为顾及"太平天国"内战，无心与外敌对抗，英、法联军轻易地攻占天津、北京，大肆抢掠，火烧圆明园。"太平天国"使中国的人口剧减，这是人类历史上伤亡最大的战争，其次才是一战、二战。

04. 睁眼看世界的潮人们

林则徐睁眼看世界

谢晋导演在20世纪90年代拍过一部叫《鸦片战争》的电影，纪念鸦片战争155周年。电影末尾，林则徐充军伊犁。实际上朝廷几年之后就把他召了回来，林则徐后历任山西布政使、河南巡抚，最后死于剿灭太平军途中。林则徐被认为是开眼看世界的第一人，他在广东设立译馆，组织编译《各国律例》和《四洲志》，为了对抗西方战舰，林则徐提议建设新式海军。可惜这些都没有付诸实践。

林则徐去世时，咸丰皇帝刚刚继位，咸丰帝很看重他，对于他的离世无比悲痛，亲题挽联，把他比作诸葛亮，谥号文忠。影片中林则徐被充军时，亲朋好友去送行，路遇力主同英国人签约的琦善。琦善因为同英军签约，被当成卖国贼，也被充军。林则徐上前跟琦善打招呼，琦善见到林则徐就放声大哭，说你看你充军落一个民族英雄，你看我弄一个汉奸的名声，我哪儿说理去，都是为皇帝尽忠啊。林则徐就安慰他，说我这一去就再没有机会见到皇上了（他后来做地方官确实再也没有机会见到皇上），但因为你是宗室，你还有见皇上的机会。如果你再次见到皇上的话，林则徐说着就从自己车上抱出一个地球仪，交给琦善，说麻烦你把这个交给皇上，告诉皇上当今世界群雄并立，不能再做天朝上国的迷梦了。林则徐认识到中国当时在很多地方已经落后了，他是中国开眼看世界的第一人。

在鸦片战争不久后的1865年，西方铁路之父麦克唐纳·斯蒂芬在金碧辉煌的皇宫琉璃瓦下，向龙椅上的同治小皇帝提出了一个发展中国铁路的宏伟计划：以扬子江流域的华中商业中心——汉口为出发点，修建一条东通上海，西至四川、云南等省，直达印度的铁路。为了证明自己所言不虚，斯蒂芬特意在宣武门建造了一条一里长的小铁路，试验了一列火车。当这个怪物拉响汽笛时，京华震动。皇帝龙颜大怒，因火车震动了山川鬼神，不利于庙堂社稷，深感不安，没收了"怪龙"。斯蒂芬失望地离开了中国，临行前，斯蒂芬感慨，中国的火车时代尚未到来。中国从自我沉睡的美梦中醒来，终非易事。

墙里不香墙外香

林则徐编的书，给了他的朋友魏源，魏源根据《四洲志》编写出《海国图志》，这是当时介绍西方历史地理最翔实的专著。魏源写了这本书，在中国基本上无人问津。为什么没什么人看？科举不考。高考不考历史，谁还学它？据说十年也没卖多少本，但被日本人拿回去之后，翻译成日文，一年就卖了6000册，一定程度上为明治维新奠定了思想基础，《海国图志》可谓蜚声东邻。

《海国图志》内容非常庞杂，有点百科全书的意思。从政治到经济、地理、情报、军事、天文都有涵盖。对于鸦片战争，魏源从议守、议战、论款三方面，总结鸦片战争失败的经验教训，提出了战败之后所应该采取的防患于未然的措施，论述了"师夷长技以制夷"的战略对策，并且对严禁鸦片、广开贸易、大办工厂等问题，提出了自己崭新的见解。

书中有一部分是世界地图及各国地图，这是对"中国是天下的中心"这一

睁眼看世界

陈腐观念的突破。该书还介绍了世界各国的地理位置、历史沿革、政治制度、物产矿藏、宗教信仰、风土人情、中西历法、中西纪年对照通表。情报、船、炮、枪、水雷等武器的制造图样、西洋技艺、望远镜做法资料、用炮测量方法及测量工具等，此书也有所涉猎。

该书还系统地介绍了地球形状及其运行规律，哥白尼太阳中心说等近代自然科学知识。魏源通过整理资料，认识到西方非但不野蛮，而且有更先进的文明。魏源在《海国图志》里非常自觉地倡导具有近代因素的思想观念，大胆地提出"师夷长技以制夷"的命题，明确界定"夷之长技"有三个方面："一战舰，二火器，三养兵练兵之法。"魏源还认为诸如量天尺、千里镜、龙尾车、风锯、火轮机、自来火、自转碓、千金秤之类"凡有益于民用者"都应当学习引进。

观念改变最重要

最初士大夫阶级看到的洋人的长技，只是洋人的技术，而且还只是军事技术，他们对洋人的认识还是很皮毛的。所以要学洋人的火器，洋人的造船，你得知道那船不是作坊里造出来的，随便找一个铁架子焊一个大炮，不可能，得在有大机器的工厂里面才可以做出来。另外，这些主张还得付诸实践。

姚莹是台湾兵备道①，在鸦片战争当中抗击英国，写过一本《康輶纪行》。姚莹对西南形势进行了全面考察，《康輶纪行》对于加强西南边防作用甚大。

徐继畲是福建巡抚，因为在《瀛环志略》中说外国的东西不错，而且尤赞外国制度，所以被弹劾罢官。徐继畲盛赞华盛顿，认为他造反比陈胜吴广都

---

① 兵备道是明朝设置的整饬兵备的官职，置于各省重要地区，清代沿置。

牛，割据比曹操刘备都厉害，但是他不当皇上，不传子孙。非常像咱们中国的尧舜，尧舜搞禅让。华盛顿治理国家，推崇谦让，致力于培养良好的传统，而不崇尚暴力征服，这跟许多国家截然不同。徐继畬说自己曾看过华盛顿的画像，其气度坚毅，相貌雄伟，超凡脱俗，不能不说是一位人中俊杰！美利坚合众国这个国家，幅员广大，既不分封王侯，也不搞权力世袭，公权交由公众来执掌，开创了古今未曾有过的先例，真是个奇迹！西方的历史人物，实在不能不推华盛顿为第一！

徐继畬热情地歌颂了一番华盛顿，朝廷就有人弹劾，他说我们大清制度不好，说我们儿子传孙子，徐继畬就惨了，可见那时候保守势力是非常强大的。中国天朝上国的观念、闭关锁国的政策没有改变，可谓外甥打灯笼——照舅（旧）。

最早涉及制度革新的是《资政新篇》，这本书具有资本主义性质。1859年由"太平天国"的"干王"洪仁玕提出。他原来是拜上帝会骨干，到外地传教，朝廷通缉他，他就躲到了香港，香港当时已经是英国的殖民地，洪仁玕见过一点资本主义的皮毛，回来以后写了一本《资政新篇》。

对于《资政新篇》，学者潘旭澜先生曾指出：这并不是洪秀全主动"向西方寻找真理"的产物，而是出于压服诸将领的现实需要。从书中罗列一些外国人名字，称"与弟相善"，以自我炫耀，尤能说明这一点。洪秀全看过后批准刻印，直接原因是为洪仁玕树立威信，并表示自己善于擢拔能人之英明。

还有一个深层原因是，奏章开头及贯串全文的"权归于一"、"强本弱末"，即希望"天王"高度集权，他防止各地将领叛乱的办法，很合洪秀全的胃口。尽管如此，洪秀全却在几处作眉批明确表示不同意，同时仅仅将这个"以广圣闻"的奏章批准印发给将官做参阅资料而已。所以，包括李秀成在内的高级将领都对《资政新篇》不屑一顾。更值得注意的是，在1862年，洪秀全重新颁布《天朝田亩制度》这个具有根本性的政策文件，将作为参阅资料的《资政新篇》加以否定，至少是取消了。

这个历史
挺靠谱

第二章

坚船利炮叩国门

（甲午战争——八国联军侵华）

01. 慈禧太后主政

女人当家

清廷在同英法交战、剿灭"太平天国"的过程中，皇权在不自觉中又进行了一次更替。清朝对于西方人的态度由对抗转为妥协，这同幼主登位、决策者发生变故有关。

咸丰帝在对外关系的处理上，一贯强硬。恭亲王在兵临城下的时刻，几乎是别无选择地签订了《北京条约》，但一切国内外政策的重大决定仍要逃亡承德的咸丰帝来做。咸丰皇帝不太愿意妥协，经过第二次鸦片战争，留守北京的官员竟然发生了奇妙的转变，他们开始对外国侵略者心存幻想，对外夷由抵制转而亲近，他们创立了中国与西方关系的新秩序，并在此后的很多年内一直力图维持这种关系，这与逃亡在外的咸丰朝廷是有很大分歧的。

历史出现了戏剧性的一幕，咸丰帝竟然病死在承德。咸丰帝身旁有几位作风强硬的抵抗派，以肃顺为代表，急欲维护清廷统治，希望能够纠正政府各种弊端。肃顺作风泼辣而严厉，颇受咸丰赏识，并逐渐取得了实权。咸丰去世前，立下遗诏，立5岁独子载淳为皇储，并任命肃顺等八人为辅政大臣，辅佐幼主处理政事。载淳的生母慈禧，野心勃勃，希望能够借此机会夺取至高无上的统治大权。慈禧善于玩弄权术，同恭亲王商量，发动政变，处死了护柩回京的肃顺。此举得到列强的支持，1861年11月11日幼帝即位，年号同治。皇太后慈禧垂帘听政，慈禧在此后的47年中成为中国的真正统治者。这次政变史称"辛酉政变"。

男人打仗

清廷经过政权更迭，平定"太平天国"之后，政权上在一定时期内保持着稳定。之后，清政府内有恭亲王、文祥等主持朝政，外有曾国藩、左宗棠、李鸿章等镇抚，似乎景象一新。这段时期也被叫做"中兴"。有学者曾说过："欧洲人的到来，中华帝国领土的扩大与中国人口增加一倍，这三个因素的相互作用，便决定了近代中国历史的方向。"外部的入侵和中国社会内部自我修复的需要，推动着中国社会向另一个时代过渡。

虽然太平军的失败给长江流域带来了安全，但另一武装集团捻军的力量却在逐渐壮大，它使华北本身面临巨大的威胁。捻军趁太平军动乱时开始由原来分散的组织发展为联合作战。清政府对其所投下的镇压力量之大不亚于对太平军的征剿。捻军在安徽省西北角的一块农村根据地——雉河集站稳了脚跟后，频繁袭击了邻近各省，从而大规模地触发了各地的叛乱，令清廷很是头疼。

捻军问题越来越严重，并且有危及北京之势。他们的部队使用了土炮和简单的火器，所以抵挡地方小股绿营军的能力就更强了。有些州县官员甚至出钱送他们离开辖境。

朝廷继续派出曾国藩剿灭捻军。各地动荡的局势，使儒家文化建立起来的帝国制度经历了一次严峻考验。从农民军手中收复的城镇，民心需要安抚，民政需要恢复，这对于清朝统治者而言同样是一场考验。清朝出台了一套抽取各省财政资源的办法，对于因战争受破坏的地方，田赋豁免。其他地方，鼓励耕作，发放粮种，安抚人民的反抗情绪。在与"太平天国"的对抗中，地方武装逐渐建立起来，曾国藩的湘军、李鸿章的淮军、左宗棠的楚军都掌握着强大的军事武装。清廷收敛起一贯的傲慢气焰，大兴科举，增加考试录取名额以笼络人才，防止类似"太平天国"的出现，笼络更多人才维护清廷统治。同时，兴办洋务，在外交方面，与外国列强谋求合作。

02. 洋务运动为何没使中国走向富强

三次辩论定乾坤

如果说，第一次鸦片战争未曾给中国太大的触动，"二鸦"给天朝带来的可是无限创痛。京师被洋人攻破，帝国都城三千多年来头一次被洋人占领，咸丰皇帝仓皇外逃，避难于避暑山庄，英年早逝一命呜呼。痛定思痛，朝廷决定改弦更张。

由于对如何解决国内重重危机，是否需要向洋人学习以及如何学习等诸多问题上的差异，朝廷官吏分为顽固派和洋务派两大派别。洋务派在中央以奕䜣为代表，在地方以曾国藩、李鸿章、左宗棠、张之洞为代表，主张利用西方先进技术来维护清朝统治，这也是洋务运动的目的。两派都是要维护清朝统治，但是怎么维护在手段上是有区别的。一方主张原封不动地维持着就行了，一方说洋一把吧。洋务派跟顽固派进行了三场论战。

第一场是华夷之辩。顽固派攻击洋务派学习西方先进技术是以夷变夏，要毁弃中国的统治和伦理道德。中国近代的探索举步维艰，小日本为什么一下子就成功了？甭管我跟谁学了，我都还是日本人。中国几千年都是人家跟我们学，现在我们跟别人学，学了以后我还是不是我？这种观念非常强烈。你如果让我们学洋人的东西，那就是以夷变夏，如果中国人都认为洋人先进，北大清华毕业生都跑美国去，这不就是以夷变夏？当然这场辩论洋务派很容易就取得了胜利，因为甭管是顽固派还是洋务派，其目的都一样，就是用洋枪火炮卫我尧舜禹汤文武周孔之道，保卫儒家文明。

第二场辩论是道器之辩。道是制度，器是技术。中国人是看中制度还是看中技术？当然是看中制度。顽固派高唱"立国之道，尚礼仪不尚权谋，根本之图，在人心不在技艺"，主张"以忠信为甲胄，以礼仪为干橹"抵御外侮。洋人来了之后怎么抵御他？给他上课，讲四书五经，拿经书把洋人干掉，顽固派一帮人都是理学名家。洋务派说，大学士您说得太好了，但是"以忠信为甲胄，以礼仪为干橹，无益于自强实际，二三十年来，中外臣僚正由于未得制敌之要，徒以空言塞责，已致酿成庚申之变[①]"。恭亲王当朝问顽固派代表倭仁老师，下次若再发生庚申之变，联军打北京你敢不敢到前线去跟英国人理论，敢不敢披着你的甲胄，举着你的干橹去给人家上课？如果你敢的话，则本王唯大学士之命是从，吓得倭仁二十多天没敢上朝，说我脚崴了走不了。

第三场义利之辩紧跟而上。君子喻于义，小人喻于利，王安石就是这么被攻击的，整天修工厂弄铁路，不就是一帮小人嘛。最后朝廷明白了，皇太后也明白了，光在那儿嚷嚷口号，国库里的银子能自个儿长出来？洋务运动通过这场辩论基本上把顽固派的势力给打下去了，洋务运动兴起、发展起来。

洋务运动轰轰烈烈

总理衙门是推动洋务运动的中央机构，但洋务派的势力主要集中在总督和巡抚，他们掌握地方实权。曾国藩由两江总督迁直隶，任职直隶总督，正式官衔为总督直隶等处地方提督军务、粮饷、管理河道兼巡抚事，是清朝九位最高级的封疆大臣之一，总管直隶、河南和山东的军民政务。而由于直隶地处京畿要地，因此直隶总督被称为疆臣之首。曾国藩一走，遗缺就由李鸿章补，所以

---

① 庚申之变，是指1860年英法联军占领北京，烧毁圆明园，咸丰帝逃往承德避暑山庄，最终被迫签订《北京条约》，对列强作出巨大让步这一重大事变，该年为庚申年。

李鸿章也是两江总督迁直隶。

清中期以后对于地方大员定设八督①：直隶、两江、陕甘、闽浙、两湖（即湖广）、两广、四川、云贵。另有漕运及东河、南河总督三员。两江是最富庶的地方，江苏、江西、安徽三省地盘也大。左宗棠是闽浙迁陕甘，张之洞是两广迁湖广，基本上清朝地方八个总督这就占了四个，张之洞做湖广总督长达二十多年。总督在清代为地方最高级长官，管辖一省或二三省，兼都察院右都御史衔，正二品；加兵部尚书衔，从一品。

曾国藩在危难之时，维护了清朝统治，维护了旧文化。他虽然并未亲身参与同英法联军的战争，但西方人的势力深入长江，在长江一带作战的曾国藩深知，旧文化并不能救中国。曾国藩注重水师，认为水上优势也能决定陆上优势，西方的军器和练兵之法在我们之上，所以他提倡自强，要购买西洋轮船枪炮，以夷器制夷。

后来的中国认识到，夷是制不了的，不被夷制就不错了，唯有自强。夷的洋枪火炮太厉害，所以，洋务运动前期以"自强"为旗号创办近代军事工业，比较重要的有曾国藩的安庆内军械所、李鸿章的江南制造总局、左宗棠的福州船政局和崇厚的天津机械制造局。通过洋务运动，清朝的军队用了二十多年的时间，就完成了西方国家军队五百年才完成的由冷兵器向火药兵器的过渡。

洋务运动的作用相当大。1864年平定"太平天国"，收复南京的时候，湘军还放箭。1884年中法战争爆发，清军已经开枪。到甲午战争的时候，中国军队的装备水平比日军要领先了，再打不过就是兵将的问题，不是装备的问题。电视剧里一演，都辛亥革命了，清兵还举俩铜锤，那纯粹是瞎扯，是为了突出

---

① 总督在清代为地方最高级长官，职掌总理军民事务、统辖文武、考核官吏，为一方面军民最高长官，世称封疆大吏。

武打效果，抱一挺机枪怎么武打？其实清军的装备水平，已经不比列强差多少了，尤其是轻兵器。可能机枪大炮这玩意儿不行，枪这东西没问题，当然起到了一定的保卫国家的作用。

洋务派后期为解决军事工业的资金、燃料运输方面的困难，打出"求富"的旗号，兴建了近代的民用工业——李鸿章的上海轮船招商局、天津的开平煤矿，张之洞的汉阳铁厂和湖北织布局。民国的时候，最大的兵工厂就在汉阳，所以那时候士兵用的枪叫汉阳造，其实就是仿的德国毛瑟枪，为什么在汉阳造？汉阳有最大的兵工厂，兵工厂为什么在汉阳？因为汉阳有铁厂。

洋务派还筹划海防，北洋、南洋、福建三支海军舰队建立后，成立了海军衙门。

中国几次败仗吃的就是有海无防的亏，大海不像陆地，大海是连成一片的，朝发夕至，从哪儿都能过来，所以有海无防吃亏就吃大了。曾国藩在任两江总督期间，保举李鸿章到上海操练淮军①。李鸿章提出专设海防的想法。1875年之后，朝廷任命直隶总督、北洋大臣李鸿章创设北洋水师。1875年，李鸿章通过总税务司赫德在英国订造四艘炮船，开始清朝海军向国外购军舰的历史。不久，向英国订造巡洋舰扬威、超勇。因为对在英国订造的军舰不满意，经过反复比较后，李鸿章向德国船厂订造铁甲舰定远、镇远。

1881年，李鸿章先后选定在旅顺和威海两地修建海军基地。1885年，海军衙门成立，李鸿章遣驻外公使分别向英国、德国订造巡洋舰致远、靖远与经远、来远。1888年12月17日，北洋水师正式宣告成立并于同日颁布施行《北洋水师章程》。从此，近代中国正式拥有了一支在当时堪称世界第六、亚洲第一

---

① 淮军是晚清在曾国藩指示下由李鸿章招募淮勇编练的一支军队。淮军出于湘军，是清朝统治阶层中一个重要的武装政治集团。

的海军舰队。当时美国海军是世界第十二，中国北洋水师是世界第六，还不算南洋、福建水师。

洋务运动还创办新式学校培养人才。在1872年到1875年间，政府每年派30名幼童去美国留学，一去要在美国待很多年，而且这些孩子生死各安天命，去的都是穷孩子。有钱的孩子谁敢上那儿去？不像今天去的都是有钱的孩子，有钱孩子科举做官，没事上美国干吗去？没人愿意出国。那会儿一说出国都是去外夷，没准让那儿人给吃了，没人敢去。所以只有这些人去美国，去的时候长袍马褂大辫子，回来全都西装革履小分头，给李中堂磕头的时候都小心翼翼的，因为辫子是假的，别一磕头辫子掉了，大逆不道。

可惜这些人学成的非常少，大概就第一批幼童有学成的，你想这一帮人到了美国，他们看了就知道什么是好的，民主自由比专制要强得多，人家那儿见总统都直呼其名，咱这儿见皇上还得跪着，多不好意思。原来咱们中国派驻在国外的使节，新的使臣来旧的使臣要归国，得到码头上去迎接，新的使臣宣读圣旨，使馆全体人员跪在那儿，接这个圣旨。外国人就跟看耍猴的一样围一堆看，怎么回事，这玩意儿太好玩了，念什么呢都在那儿趴着，念完圣旨以后才到使馆。后来中国人也感觉这个太有伤国体，所以就奏请朝廷批准，这仪式在使馆里举行，咱就别在码头上现眼了。因为在中国肯定都得在码头上，钦差大臣来了你得迎到码头上，你得出城多少里去迎，在那儿就得宣圣旨，就得跪着，你不能回到衙门了才跪接。公使夫人裹完小脚，晾晒裹脚的白布，洋人以为中国国丧，皇上死了，都来吊唁，惊闻大皇帝不幸去世，我们特来哀悼。中国人傻了，没这事啊。洋人说那你这儿为什么挂白布啊，那是裹脚布，洋人不懂好好的脚干吗要裹起来。好多观念一发生冲突，这一帮人就不愿意再接受清朝的封建统治，朝廷一看，坏了。

于是下诏，召回当年出国的这批幼童。相当多的孩子没有完成学业就回来了，有的是上了大学，也有的不回来了，就在他那个寄养家庭的掩护下跑了。中央电视台拍过一个五集的纪录片，当年好几个幼童跑了，跟当地人结婚，采访他们的孙子，长相完全是白人，而且只能说英文，一句中文都不会。而这些回来的人，就把先进的观念带了回来。

应该学什么？

洋务运动没能使中国走上富强之路，原因是什么？只引进技术不改进制度。李鸿章致函总理衙门说："中国文武制度，事事远出西人之上，独火器万不能及。"我们的制度比洋人好多了，独火器万不能及，就这一条不怎么样，所以"中国欲自强，则莫如学习外国利器；欲学习外国利器，则莫如觅制器之器，师其法而不必尽用其人。"我们只需要学外国的军事技术就可以了，别的我们都不用学。我们远出西人之上，用得着跟他们学吗？他们应该跟咱们学。

而郑观应认为：要学就得学人家的制度，学人家的"体"，不能光学"用"。咱们认为中学为体，西学为用，中体西用。郑观应明确提出来不能这么干，人家"西人立国……育才于学堂，论政于议院，君民一体，上下同心，务实而戒虚，谋定而后动，此其体也。轮船、火炮、洋枪、水雷、铁路、电线，此其用也。中国遗其体而求其用，无论竭蹶步趋，常不相及；就令铁舰成行，铁路四达，果以足恃欤"[1]。你光学洋枪火炮轮船水雷这些根本解决不了问题。近代学习西方，日本学得比较彻底，包括1889年近代亚洲第一部宪法——《大日本帝国宪法》，甭管它多保守，也是近代亚洲的第一部宪法，日本是在亚洲第一个确定了君主立宪政体的国家。

另外，对洋务运动进行一些深入细致的分析，可以发现洋务运动得以兴起，原因在于一没内忧，大规模农民反抗运动刚刚被镇压。二没外患，列强忙

---

[1] 引自郑观应《〈盛世危言〉初刻自序》。

于巩固既得利益，没有大规模的战争爆发，中外各种势力暂时"和好"。而这时候的资产阶级和无产阶级都是刚刚萌发，比较弱小，所以没有人反抗朝廷。随着列强进一步提出新的侵略要求，两次鸦片战争得到的利益，他们不再满足。农民反抗虽然被镇压，但是以后农民还要进行反抗，资产阶级随着力量的强大也会起来反抗，内忧外患只是暂时平息，洋务运动是在这样一个背景下开展起来的。

为什么到1894年大规模战争又爆发了？列强已经不满足既得利益了，他们要瓜分世界，要资本输出，所以又爆发了战争。到八国联军侵华这个要求算是满足了，然后中外又是三十年和平，到九一八事变、七七卢沟桥事变，小日本又发起了大规模的侵华战争。中国近代史上这五场大规模的侵华战争分三波。两次鸦片战争是第一波，甲午战争、八国联军是第二波，日本侵华是第三波。中间都是三十多年，给中国喘息的机会，中国发展就是利用这三十多年。中间为什么给你三十多年喘息的机会？帝国主义在巩固既得利益。

当然，抗日战争是很特殊的，因为后来英美用不着这种战争手段侵略中国，欧美列强用不着，小日本因为经济落后只能用这种手段，世界经济危机一爆发它没法摆脱，这次战争可看作是上一场战争得到的利益已经不能使它满足，它提出了新的侵略要求，这之间差不多都是三十年的时间。就像你吃完早点，需要时间消化，你不能早上起来油条煎饼豆浆鸡蛋牛奶吃个一斤多、二斤，8点刚来这么一餐，9点再让你来一顿，你就得哭了。你得12点来一顿，12点烧鸡烤鹅，再加几条鱼，一斤米饭又进去了，你再来就得晚上6点了。两次鸦片战争就是洋人的早餐，然后需要消化，甲午战争、八国联军就是午餐，到抗日战争就是晚餐，最后小鬼子撑死算了，就这么一个意思。西方国家需要时间来巩固既得利益，咱们钻了一个空档。

学西方为何没富强？

洋务运动最终没能让中国走上富强的道路。它创办的近代工业以官办、官督商办、官商合办为主，不具备近代化企业的性质，或者说不是近代化企业。近代化企业是资产阶级企业，应该是商人办的，私人办的。日本明治维新之后，对私人办企业大力扶持，国家可以半卖半送地把工厂给你。而大清呢？都是官办，甚至压制私人资本的发展，所以资产阶级就没法发展。江南制造总局的总办，正五品，上班跟上朝似的，闲人闪开，肃静回避，厂长顶戴花翎去，工人上班不好好干，迟到了，给你50板子。

其次，力量分散，没有形成近代工业体系。洋务运动建的几个厂，就集中在长江中下游那些个有限的地方。要想建兵工厂，首先得有钢铁厂，要想有钢铁厂，资源得跟上，周围得有煤矿。如果兵工厂建起来了，机器全是从外国进口的，要是人家不卖给你机器，你这厂就开不了。有钢铁厂了，煤是从外国进口的，那就更扯了，所以洋务运动没有在中国形成近代工业体系。

再看洋务运动兴办的教育。洋务运动期间所开办的新式教育，只是培养了一些专门人才，没能建立起近代教育体系。出去了几批幼童，100多人还没学完就全给招回来了。后来陆陆续续派了一些留学生，比如说去英国学海军。但问题是，就出去这么一点留学生，绝大多数的中国读书人还在干吗呢？四书五经科举八股的还在干这个。所以没有形成近代教育体系。

严复，中国近代史上有名的人物，翻译《天演论》^①的人。严复从英国格

---

① 《天演论》书名直译应为《进化论与伦理学》，作者赫胥黎，英国博物学家。《天演论》的基本观点是：自然界的生物不是万古不变，而是不断进化的；进化的原因在于"物竞天择"，"物竞"就是生存竞争，"天择"就是自然选择；这一原理同样适用于人类，不过人类文明愈发展，适于生存的人们就愈是那些伦理上最优秀的人。

林尼治海军学院毕业，日本首相伊藤博文是他的学长，伊藤博文回来当了日本首相，严复一辈子最高做到天津北洋水师学堂总办。这不属于官，无官无品，为什么严复不可以做官呢？学历不够啊，学历怎么不够？有的留学生是美国的博士，那白扯，你是中国的进士吗？博士管什么用，你连一个举人都不是你怎么能做官呢？所以这一帮留学生回来只能做事不能当官，回来的人还得捧起四书五经来，从头看从头考。能考上的估计也不多，你想他整天念英文，现在来这个君君臣臣，父父子子，肯定有抵触情绪，只有做事的，很少有做官的。最大的官可能就是唐绍仪，后来做到清朝的外务大臣，民国首任国务总理，那个时候风气已经开放多了。一开始出去的一帮人都不行，没人搭理。

也就是说，洋务运动的工业和教育，解决不了中国的实际问题，海军更是装装门面，是皇太后、王爷们的豪华大游艇。要知道海军最主要的作用是与敌人争雄于海上，整天在港口藏着没用。当然，洋务运动毕竟开启了中国的近代化，引进技术，培养人才，刺激民族资本主义，抵制外国经济侵略，毕竟中国的厂子办了起来，国货卖出去，洋货就少一点。

03. 中国资产阶级的两面性

既有革命性，又有妥协性

洋务运动刺激了中国的民族资产阶级，中国社会就开始有了不同于以往的变化。鸦片战争后外国资本主义侵入，分解了中国自给自足的经济，扩大了商品市场和劳动力市场。它能够为西方提供市场和劳动力，就也能为中国提供市场和劳动力，只要这事你愿意干。其次，受外商企业的刺激，中国的官僚地主商人投资近代工业，不仅受外商企业的刺激，也受洋务派的刺激，他们一看这玩意儿能来钱，比土里刨食来钱快，所以他们就开始干这个事儿。

19世纪六七十年代，在上海、广东、天津等地兴起资本主义工业，比较著名的有上海发昌机器厂、广东南海继昌隆机器丝厂、天津贻来牟机器磨坊。继昌隆机器丝厂是纺织厂，贻来牟机器磨坊磨什么玩意儿？磨面的。也就是说它们都是轻工业，这几个工厂跟前面洋务派创办的企业要分开了。名字怪不啦唧的就是民族资产阶级的企业，都是由私人创办的，不像国企名头比较大，汉阳铁厂，湖北织布局，你继昌隆机器丝厂，能代表广东吗？你们家开一个小饭馆叫中国大饭店，工商局绝对不给你注册，你叫北京饭店他也不给你注册。北京饭店在哪儿，在长安街上，回头你这儿一干扰，外国人跑你这儿来了，就不合适了。

资产阶级是先进生产力的代表，无产阶级也是先进生产力的代表，资产阶级采用西方近代企业管理模式，厂长不能拿鞭子抽人，敲板子更不能干。其实中国资本家也是人民大众，也是被压迫的，被谁压迫呢？也就是我们常说的三座大山，它们也压迫资本家。不像在国外，资本家就是天老爷，中国不行。资本家都受压迫，所以他们有革命性。

而有产者总是希望维护社会稳定，"今亡亦死，举大计亦死，等死，死国可乎？"造反者总是无产者，我怎么着都是死，所以马克思号召——无产阶级起来斗争吧，你们失去的是锁链，得到的将是整个世界。为什么无产阶级能去斗争呢？我什么都没有啊，等死，死国可乎？资产阶级不可能做到这一点，他们希望社会稳定，当这个社会动乱的程度超过他们的忍受限度的时候，他们就往后撤了。所以现在任何一个国家，如果稳定一定是有一个庞大的中产阶级阶层，有产者众，国家才能够稳定。资产阶级具有妥协性，根本原因就在这儿。

一般欧美国家先有资产阶级后有无产阶级，中国正好相反，因为他们诞生在外商企业里。工人阶级来源于破产的农民和手工业者，在洋务派和民族资产阶级创办的厂矿里也产生了中国的无产阶级。

无产阶级深受压迫，所以革命性是最强的。这样，出身于破产农民的工人便和农民结盟，他们集中程度高，便于斗争。

04. 清朝、法国大角力

属国多，责任大

中国曾经也是个有很多属邦的国家。缅甸、安南、朝鲜、尼泊尔都是。我们对于属国抱有唯一的一点希望就是它们能来朝贡，我们不去干涉属国的内政外交，更不会有殖民通商的经济政策。这些属国同中国的关系也还不错，按时纳粮，请求册封，如此而已。而且但凡属国内部有叛乱，中国都会不计酬劳、跋山涉水前往摆平。所以，属国对于我们是拥戴的。

中国喜欢拥有自己的属国，是一种传统。因为中国文化的关系，古代圣贤君王，都追求使四夷倾心向往，然后散点钱财，传播一下文化。而这些国家多半就是我们的邻国，越南在我们的南方，朝鲜在东北，琉球在东南，它们基本上就是我们的边防线，属于国之门户，唇亡齿寒。

西方资本主义对清朝的侵略，除了直接攻打外，还有就是侵略属国。法国人侵占越南，在康乾盛世的时候就开始了。

英法对华第二次鸦片战争期间，法国开始武力侵占越南南部，使越南南部六省沦为法国殖民地。法国人因为湄公河不适合航运，把目光转向越南北部，并很快攻陷河内。越南无力抵抗，向当时驻扎在中越边境的刘永福①求助。刘永福率领的黑旗军协助抵抗法军侵略。黑旗军在河内城郊大败法军，刘永福身先士卒，冒死冲锋，斩法军数百人首级，法军被迫退回越南南部。后来，法军屡犯越南，并屡次向驻守越南的清朝军队进攻。法国侵略者为实现对越南的殖民统治，尽早达到据越南而侵入中国西南的目的，开始以全力来对付中国。中法之间正面冲突的危机日益逼近。

在战与和的问题上，朝廷内部纷争不休。以左宗棠、曾纪泽、张之洞为代表的主战派，多次要求朝廷采取抗法方针，曾纪泽还照会法国，极力维护宗主国地位，毫不退步。但以李鸿章为首的主和派最终控制了局面。

左宗棠死不瞑目

1883年底，法军向红河三角洲中国军队防地发动攻击。中法战争爆发。1884年，法国舰队强行驶入福建水师的马尾基地，战火扩大到中国东南沿海。8月26日，清廷颁发上谕谴责法国"横索无名兵费，恣意要求"，"先启兵端"，令陆路各军迅速进兵，沿海各地严防法军侵入。这道上谕实际上是对法国侵略者的宣战书。

同年，法军侵占中国台湾，分头进犯台湾基隆和淡水，清军统帅刘铭传审时度势，放弃基隆，集中兵力扼守淡水，击退侵略者。转而，法军攻占谅山，进犯镇南关。老将冯子材率部英勇抗击敌人，取得镇南关大捷。冯子材乘胜追击法军，清朝电令乘胜即收，并在1885年4月7日，宣布停战撤军。对此，张之洞奏请朝廷，延缓撤兵时间，以克河内。然而朝廷没有采纳他的建议，致使中法战争出现了一个奇特的结局，中国不败而败，法国不胜而胜。

----

① 刘永福是以"反清复明"为宗旨的天地会领导人之一，其队伍以七星黑旗为战旗，故称黑旗军。"太平天国"失败后，黑旗军活跃于中越边境。

镇南关大捷

清政府在胜利的情况下，同法国签订了屈辱的《中法会定越南条款》，对此，左宗棠内心悲愤不已，病死福州。在临终前，他留下这样的话："唯此次越南和战，实中国强弱一大关键，臣督师南下，迄未大伸挞伐，张我国威。遗恨平生，不能瞑目。"

中国西南从此门户洞开，法国侵略势力以印度支那为基地，长驱直入云南、广西和广州湾（今湛江市），并使之一度变成法国的势力范围。

05. 甲午海战，蒙羞千重

挑事儿急先锋

19世纪70年代，西方资本主义向帝国主义过渡，他们要求重新分割世界，加紧争夺市场，中国成为他们的主要目标。当时的中国可以说是世界上硕果仅存的还没有被瓜分的大国，拉丁美洲基本被瓜分完了，澳洲也没了，亚洲也几乎被瓜分殆尽，除了中国外，只剩下日本和暹罗[①]。列强都对中国虎视眈眈。同治之前，列强实行帝国主义的仅英俄法三国。在中国门户被打开后，德意志统一，意大利统一，美国中央政府消灭南方独立运动，恢复统治并加强统一。此时，东方帝国主义日本也已兴起。光绪年间，我们处在帝国主义的四面包围之中。

在这种情况下，谁表现得最积极？日本。

日本通过明治维新，国力强盛，可是其市场狭小，资源尤其匮乏。特别是到第二次工业革命以后，钢铁和石油百分之百依赖进口，橡胶也依赖进口，

---

① 暹罗，现今泰国的古称。

当然它国内产一点铜，产一点很有限的东西。其本身37万平方公里的国土，森林覆盖率将近70%，几千万人口都集中在7.54万平方公里的平原地带，直至今天。日本人口密度比中国大得不是一点半点，大部分森林山地没有什么人。所以它极需对外扩张，它对外扩张的目标是中国和朝鲜。明治维新使日本脱亚入欧，与欧美列强共进退，失之欧美，取之邻国。日本当时也受欧美欺负，直到1910年才废除了不平等条约，国力也不强于中国。但它就是敢赌国运，对中国发动这场战争。

世界主要资本主义国家向帝国主义过渡，日本的侵略在一定程度上得到了西方列强的支持，西方列强为什么支持日本？日本独占中国，不会对西方列强的利益构成威胁？谁都想着瓜分中国，可中国毕竟不同于非洲，是史前文明时代，和拉美香蕉共和国也有区别，也不像当时的印度，很久没有统一过。中国即便到1840年，国民生产总值在世界上都是数一数二的。那么强那么大的国家，如果要去瓜分，就得考虑谁有这个实力。一口想把中国咬下，回头把牙硌掉了，怎么弄？这个时候，小日本"不揣冒昧"地跳出来，我来，我打头炮，西方列强当然求之不得，因为你们俩都是亚洲国家，都是黄种人，属于黄种人的内讧，对于基督教文明没有任何损失。你们来吧，既然日本愿意做先锋，帝国主义自然怂恿加支持，尤其是英国，表现得最积极。

此刻，"帝国主义们的心情是矛盾的：它们希望战争，尤其希望中华帝国对外战争爆发，因为这不但可以削弱这个帝国的国力，而且还可以检验这个帝国目前的抵抗能力——这一点至关重要，因为自中国务实的官员致力于洋务运动后，帝国的防务实力让帝国主义们有点儿摸不着底。只是，除了日本人之外，帝国主义们并不希望日本人真的打胜，至少是不能让日本人获得圆满的胜利。因为如果这样，中国人给日本人的好处肯定会影响到自己的利益——中华帝国的版图和市场再大也是有限的。"①

不宣而战搞袭击

1894年朝鲜东学党②起事，清政府应朝鲜政府请求派兵，日军也趁机开进了朝鲜，挑起战争。当时的中朝关系，我们是宗主，朝鲜是藩属，是我们的属国。属国有难宗主出兵代为平乱，这是符合宗藩③关系的。当然，这种关系完全不符合近代国际法，所以小日本说我不承认朝鲜是属国，称它是一个独立国家，你能派兵我也能派兵，清军进去2000，日军进去8000。清军一入朝鲜，迅速平定东学之乱，但是日军就赖着不走，蓄意挑起战争。

中日甲午战争有陆战和海战，陆战主要是两场，平壤之战和辽东之战。海战是三场，丰岛海战、黄海海战和威海卫之战，威海卫之战实际上是海陆都有，中日甲午战争首先是在海上打起。

黄海、丰岛、平壤战役属于第一阶段，战火没有烧到中国，辽东和威海卫就是在中国本土打的。首先爆发的是丰岛海战，因为日本增兵咱也得增兵，北洋水师济远、广乙两舰掩护商船往朝鲜增兵，当时战争还没有爆发。但是日本联合舰队三艘主力舰不宣而战，对中国发动了突然袭击。日军有备而来，我们毫无准备，因此广乙舰沉没，济远受伤。有说济远管带贪生怕死，贪不贪生、怕不怕死不好说，不死也得一块儿沉没，所以济远号撤退。这样，两艘没有

---

① 引自《1901年：一个帝国的背影》，王树增著，海南出版社，2004年3月出版。

② 1876年，日本迫使朝鲜签订《江华岛条约》后，朝鲜逐渐沦为殖民地。随着朝鲜国内社会矛盾加剧，1894年2月，东学党领导人全琫准领导农民起义，攻占古埠郡衙，活捉郡守。起义军攻占郡城后建立革命政权执纲所，提出"灭尽权贵"的口号。3月，农民军击溃前来镇压的反动军队，并乘胜前进。5月底，一举攻占南方重镇全州，起义浪潮席卷全国。

③ 在明清两代，朝鲜与中国是宗藩关系。藩属国的国王继位，须经过宗主国的册封，才算取得合法的地位；藩属国需定期向宗主国进贡；宗主国负有帮助藩属国维护统治秩序的责任。

甲午海战烈

武装的商船高升号、操江号就暴露在日军面前，操江号上官兵被俘。操江号比较小，是一艘木壳的老式军舰，原属南洋水师，后借调北洋用于通信和运输，配置官兵82人，船龄已超过20年，虽然也配备了5门火炮，但也只能勉强对付海盗而已，根本不可能作为对抗军舰的战船。操江号上面有20万两白银的军饷，也被日本缴获。高升号是中国租的英国商船，日本人挂出信号旗要求高升号投降，船上1000多陆军将士表示拒绝，用步枪射击日寇的军舰，然后放下小艇让欧洲籍船员离开船。日本人发射鱼雷把高升号击沉，1000多名陆军将士落水，800多人殉国。

丰岛海战是日本不宣而战，首先挑起了战争。丰岛海战第二天，光绪皇帝发布上谕对日本宣战。第三天日本天皇也下了一道圣旨，对中国宣战，战争正式打起来了。在朝鲜境内进行的第一场战争是平壤之战。平壤是朝鲜的古都，仅次于国都汉城。清军14 000人，日军16 000人。日本人在兵力上并不占优势，但战争还没有打起来，清军统帅直隶提督叶志超就打算放弃平壤城，退守鸭绿江。总兵左宝贵是回族，坚决主张抵抗，说："敌人悬军深入，正宜出奇痛击，使其片帆不返，不敢再窥视中原，今若不战而退，何以对朝鲜而报国家？"

左宝贵守平壤玄武门，激战中，警卫劝他摘掉红缨帽，脱去黄马褂，那一身红的黄的跟交通信号灯似的，太明显，一看就是个高级武官。左宝贵说我穿这身衣服是激励士气，结果清军激励了，日军也激励了，发炮攻城，左宝贵亲自指挥重炮向敌人还击。在激战中，左宝贵腿上中了一弹，他很敏捷地用一块布包好伤口站起来继续鼓舞士兵作战。不幸再次中弹，以身殉国，平壤沦陷。叶志超一口气往北跑了500多里，连马都没下，过了鸭绿江，日军尾追进入了中国境内。

战场上的家书

几乎与平壤之战同时，北洋水师主力掩护陆军在朝鲜登陆，返航途中行至黄海，在鸭绿江入海口大东沟遭遇了日本联合舰队，展开了一场激战。战斗开始不久，北洋舰队旗舰定远舰由于下水12年，久已失修，舰桥被突然开火的大炮震塌，北洋水师提督丁汝昌摔伤，信旗被毁。丁汝昌拒绝随从把自己抬入内舱，坚持坐在甲板上督战。可是他只能鼓一舰士气，战斗刚开始，北洋舰队就失去了指挥。北洋舰队一直冲杀在前的致远舰受到日吉野、高千穗等舰的集中轰击，多处受伤，舰身倾斜。吉野冲在最前面，正遇上全身着火的致远舰。

管带邓世昌下令撞沉吉野。致远舰向吉野号右舷高速撞去。日舰官兵见状大惊失色，拼命逃窜，并向致远舰连连发射鱼雷，致远舰躲过一枚鱼雷后，不幸为另一枚所中，全舰官兵共252名壮烈牺牲。致远被击沉以后，邓世昌落水，他的随从刘忠抛救生圈给他，被他推到一边；左一号鱼雷艇赶来相救，他拒不上艇，并说："吾立志杀敌报国，今死于海，义也，何求生为！"他养的爱犬太阳犬游到他的身边，先是咬住他的手臂不使他下沉，他将犬奋力推开，犬又衔住他的发辫，使他的头露出水面。邓世昌抱定与战舰共存亡的决心，毅然抱住爱犬，一同沉入滚滚波涛之中。

除致远舰管带邓世昌外，经远舰管带林永升也壮烈殉国。北洋水师当年曾经是亚洲第一，世界第六。从综合力量上来看，不说强于日本的联合舰队，起码也应该是在伯仲之间，开战的时候北洋水师是10艘军舰34 000吨，日本12艘40 000吨。北洋水师两艘最大的铁甲舰定远、镇远是远东第一流铁甲舰。

但北洋水师自从1888年成军以来到甲午年间，6年时间不但未添一舰，甚至未添一弹，船只也没有很好地维护。海军的钱，被拿去修颐和园了。这样一来，北洋水师老矣。当时军舰争雄于海上，主要是比航速和火力，火力主要是看射速。北洋水师的平均航速是15.5节，日本联合舰队是16.4节，联合舰队主力舰吉野舰的航速高达22节。另外就是火力，日本军舰的炮虽然比咱们小，但是它有68门速射炮，我们一门都没有。速射炮是新生事物。速射炮出现的时候，海军军费被拿去修园子了。

吉野舰本来是大清订购的，连订金都交了，最后没钱了不买了。英国看这一艘军舰砸手里了，皇家海军也不需要，就向日本兜售，打折卖给你，你要吗？日本多穷的国家，没有钱，明治维新是1868年，洋务运动是1861年，日本工业化晚于中国。没有钱怎么办？天皇捐了30万，那会儿的日元是银洋，不像现在的日元，30万合不了多少人民币。各级文武官吏、国会议员把自己工资的一部分捐出来，皇后把自己的首饰都献出来，以后就只能头上插樱花了。然后发行公债，老百姓踊跃抢购，甚至有日本女学生去卖身然后把钱捐给国家，就这么买的军舰。

日本是举国一致，君臣一体，上下同心，一定要把中国给打败。你再看咱们这儿，老太后拿着海军经费，过一个生日，用银700万两。700万两白银是一个什么概念？定远、镇远各是62.5万两，老太后过一个生日，北洋水师远东第一流铁甲舰能买11艘。老太后一个生日的花费再造一个北洋舰队都没有问题。慈禧太后做60大寿，翁同龢等大臣上奏请求寿诞从简，节约公众开支，补充前线军费，慈禧太后当即不悦："谁要是令我一时不痛快，我就要他一生不痛快。"四下当即噤若寒蝉。

再看军队士气。据说日本有一个小兵出征，他妈这么跟他说，这一仗打完了，我希望在靖国神社看见你，言下之意就是没指望你活着回来。平壤之战，清军的统领卫汝贵①的老婆给他写的家信②，被日本人缴获，登在日本军中的报

---

① 另据史料记载，卫汝贵治军不严，常纵兵抢掠，但在平壤之战中，他率盛军在西南战场作战，重创日军。平壤失守后，清廷以卫汝贵罪责严重，将其革职逮问。1895年1月，被斩于菜市口。

② 另有一种说法，此信并非卫汝贵家信，而是另一位清军将领的家信。

纸上。卫汝贵的老婆给他写的家信是，老爷春秋60岁了，咱家有钱有地，上战场千万别玩儿命，勿挡前敌。你想这人指挥的军队，不是说枪炮不如人，根本没有精气神。人家打仗，将有必死之心，士无贪生之念。咱这可倒好，统领都打了一上战场就跑的主意，让当兵的给你玩儿命，开什么玩笑。

令人震惊的屠杀

一样都是洋枪洋炮，清军那会儿没有拿粪叉，刀矛弓箭都是爷爷辈的玩意儿，但还是不行。黄海海战中国5艘主力舰沉没[①]，日本5舰重创。重创跟沉没的区别是重创的那个还能拉回去炼钢，咱们要炼钢得给它捞上来。我们的定远、镇远挨了200多发炮弹都没事，是不沉之舰，主力尚存。速射炮120毫米口径，打上没事。

可朝廷不允许北洋水师继续出战，就此造成了黄海制海权[②]拱手让敌。辽东之战，大清发祥之地，除了太原镇总兵聂士成率军抵抗之外，余皆一触即溃。这样，日军一路高歌猛进，将战火烧到中国境内。

辽东之战时，日本进行了惨绝人寰的旅顺大屠杀。全城2万多人，被杀得还剩抬尸的36人。当时美国驻华使馆的武官在日军中观阵，被日本的暴行惊呆了，他给国内的报告中说，旅顺城内凝固的鲜血有一英尺（1英尺等于0.3048米）厚，到处都是残肢断臂。世界人民的眼睛是雪亮的，英国人艾伦对这次屠杀有过描述：

"日本兵追逐逃难的百姓，用枪杆和刺刀对付所有的人；对跌倒的人更是

[①] 黄海海战历时5个多小时，北洋水师损失致远、经远、超勇、扬威以及触礁后被毁的广甲五艘军舰。来远受重伤。
[②] 制海权指交战一方在一定时间对一定海区的控制权。目的是确保己方兵力在海上行动的自由，剥夺敌方兵力海上行动的自由；保护己方海上交通运输的安全，阻止敌方的海上交通运输，使该海洋区域为己所用而不为敌所用。

凶狠地乱刺。在街上行走，脚下到处可踩着死尸。"

"天黑了，屠杀还在继续进行着。枪声、呼喊声、尖叫声和呻吟声，到处回荡。街道上呈现出一片可怕的景象：地上浸透了血水，遍地躺卧着肢体残缺的尸体；有些小胡同，简直被死尸堵住了。死者大都是城里人。"

"日军用刺刀穿透妇女的胸膛，将不满两岁的幼儿串起来，故意地举向高空，让人观看。"

剖腹、挖心的事在当时的旅顺并不少见，多少无辜的儿童惨死在日本人屠刀之下，世界很多媒体都对此事进行了报道。日本在中国的暴行令世界舆论哗然，日本不是文明国家吗？怎么能这么野蛮？日本为了掩盖罪行，赶紧把中国人的尸体收集火化，有人可能就剩一根指头了，哪找去？甭管是谁的往一块儿堆，骨灰装了满满七口棺材。这是什么概念，你看一个人往那儿一站那么大一坨，烧完了就一把。你想七口棺材的骨灰得有多少人？小日本有多狠！

日本人在坟上插一木牌，上写"清国阵亡将兵之墓"。里面有将和兵吗？没有，将和兵都跑了，留下的都是手无寸铁的和平居民。日军除了一路奔东北而来，还一路占领了威海卫，北洋水师全军覆没。北洋水师是洋务运动最突出的成果，打到这个份上打不下去了，只得屈辱求和。

虫子渴望吞大象

甲午战争的失败不仅给李鸿章以致命一击，也令很多人百思不得其解。中国是大国，有4亿人口，军队95万，打的是一场自卫反击战；日本是小国，军队只有29万，后方遥远，供应不便，干的是无耻的侵略勾当。可是最终清政府竟然失败了，日本上演了一曲小虫吞大象的荒诞剧。

大清政府，从来都是只记吃肉，不记挨打。清政府平定了国内叛乱，列强之间又相互争夺利益，暂时对中国无暇顾及。在签订《北京条约》后，清政府内部一些握有实权的官员同英法之间不再交恶，西方殖民者在中国几乎毫不费力地享受着既得利益，中国政治家的神经稍稍松弛了一些，他们对西方国家的友善充满了感恩。对于隔壁小国日本，清政府基本没有放在心上。

小日本不知道哪根筋倔上了，几乎从没停止过打中国的主意。它很无畏，妄图以它弱小的身躯吃掉中国，吃下中国是它这辈子的梦想，不管肠胃是否能够消化。明治维新后，小日本资本主义得到飞速发展，可能是由于非良性的过快发展，加上日本的武士道精神，产生了军国主义的变种。日本变得极具扩张性和掠夺性。1855年，日本有政治家提出要占领台湾岛、吕宋，占领整个中国，君临印度。这种思想竟然在不久的将来成为日本的主流思想。很快，这种不切实际的想法得到具体化，并形成文字，日本出台了一部《清国征讨方略》，详细写明了征讨的步伐。可怕的是，日本严格按照征讨方案，不动声色地发动了侵略战争，而且几乎完全达到了目的。

清朝政府无论如何都没想到隔壁的邻居，不怎么富裕，还愿意倾家荡产花钱打仗。有好日子不好好过，动辄动武，盘算着怎样吃掉别人，不是我们的一贯作风。对小日本提防不够，是清政府最为失策的一步。对于国际形势一无所知的清朝，能够哄好西方列强不再炮轰，老佛爷就该在宫里暗自念阿弥陀佛了，更别说早做判断，提高警惕了。

一些有识之士，如两江总督沈葆桢、台湾巡抚刘铭传等看出"倭人不可轻视"，但朝廷和大部分政要对日本的认识还停留在小国阶段，"不以倭人为意"。对国防负重要责任的李鸿章也认为"倭人为远患而非近忧"。在日本倾全国之力扩充军备、战争危险日益迫近的紧要关头，清政府反而放松了国防建设，以财政紧张为由，削减军费预算，从1888年开始停止购进军舰，1891年停止拨付海军的器械弹药经费。中国就是在这样一种不清醒的状态下，迎来了一场命运攸关的战争。

清政府跟洋人打了几次仗，便开始奴性十足。清廷实权人物慈禧太后、恭亲王等都是主和派，李鸿章也坚决主张"力保和局"。从战争开始到失败投降，他们一直致力于争取英俄德法美等国家的调停，以达到求和目的。朝鲜战场的失利，虽然造成了一定的被动局面，但还没有影响全局。这时候，清政府如果能认清形势，坚定地投入反侵略战争，并采取正确的战略，一定能够挫败敌人的进攻。外交和军事一样，都是国家政治行为的重要手段。李鸿章过于老到，他企图利用各国之间的利益冲突遏制日本，解除中日军事对峙，用心可以理解。但他毕竟对洋人的认识不够，对洋人寄予的希望过多，放松了自己的军事努力。他认为"列强必有区处，必有收场"，命令部下"静守勿动"，"保舰勿失"，既延误了军机，又影响了士气。

李鸿章首先请求英国调停，他考虑英国在华既得利益最多，但没有想到英国和日本已经在背后进行了交易，英国甚至对日军击沉本国商船事件保持沉默。就这样，中国被英国出卖了。李鸿章转而请求俄国干涉，但这时俄国西伯利亚铁路尚未修通，在远东争夺的筹码还不够，并不想和日本闹翻。人人都在打自己的算盘，没有国家愿意为了中国跟日本翻脸。老谋深算的李鸿章这次失算了。

李鸿章自认为武器装备落后于日本，对于战争并没有抱太多的胜算，主将尚且如此，战争的结果可想而知。果然，在中日海战中，李鸿章主动放弃制海权，黄海关系到三个半岛即朝鲜半岛、辽东半岛、山东半岛的海上交通，所以黄海的制海权至关重要，李鸿章拱手相让。如此犹疑的战争心理，同小日本咬定中国不放松的决心，对比鲜明。

1895年，李鸿章和伊藤博文在日本马关签订了《马关条约》。第一，割三岛，辽东半岛、台湾、澎湖列岛。第二，赔款两亿两白银。小日本穷疯了，狮子大开口，一张嘴就是亿！以前我们也赔，几百万，上千万，到头了。日本张嘴三亿，不许还价。兔子成精，比老虎还厉害，这下李鸿章发愁了，这三亿从哪儿筹？

李鸿章回旅馆途中被一个日本愤青给了一枪，日本愤青为什么要刺杀李鸿章呢？他认为他们能把中国灭了，凭什么跟李鸿章谈判，所以要一枪把李鸿章打死，让这个判谈不成，然后日本皇军就可以占领北京。哪一国都有愤青，爱国贼比卖国贼更可恶，他在道义上占了一个制高点，替国家做决定。当时日本的愤青能知道国库里除了耗子屎什么都没有了吗？

李鸿章的遇刺让日本政府非常尴尬，万一李鸿章愤然回国，这仗拖下去，就不太划算了。中国这么老大，什么时候征服完？几十年后它都没有能征服中国，甭说那会儿羽翼未丰满的时候。所以，日本见中堂受伤表示慰问赔款减一亿，你挨了一枪减一亿，李鸿章说那再给我两枪吧，再打我两枪，我值了，反正我七十多岁了，来日无多。七十三、八十四，阎王不叫我自个儿去，再挨两枪得了。日本人当然不干，但因李鸿章挨枪，赔款从三亿减到了两亿。

李鸿章的无奈

李鸿章20多年训练的北洋水师，就因为这场水仗，葬送海底。此后的北洋水师，几乎完全蜷缩起来，望风披靡，不能再战。淮军声望，从此算完了。当时的舆论给李鸿章的压力很大，都说李鸿章昏庸误国，媚日卖国，更有甚者希望李鸿章以死谢天下。李敖曾经质疑，历史对李鸿章公平吗？

我们一起同李敖回顾那段历史："1895年《马关条约》签订的时候，日本马关当时叫下关，他们见了面，在日本的书里面，我们看得很清楚，日方代表是伊藤博文，就是这张照片，我们也看到了李鸿章。"甲午战争后，李鸿章代表中国签订城下之盟，这两位被西方称为"东方俾斯麦"的人物坐到了一起。李鸿章是青年伊藤博文的偶像，年轻的伊藤博文曾经在维新时期到访中国，对这位晚清政府中倡导洋务运动，创办江南制造局、天津机器局、北洋舰队、轮船招商局、电报局、开平矿务局、派遣中国第一批学生留美，最具世界眼光和担当的中堂大人满是景仰。时隔不久，这位后辈小生同昔年偶像再次见面，双方的地位发生了戏剧性变化。"当伊藤博文提出来要台湾的时候，李鸿章谈都不跟他谈啊，你谈什么台湾啊，谈都不谈。可是形势比人强，我们看到当时日本人的口气，大家看看那几段伊藤博文跟李鸿章的对话，伊藤博文说，中堂，我此次节略[1]，但有'允'、'不允'两句话而已。就是说只有答应或不答应，YES OR NO两句话，你是答不答应？李鸿章说，难道不准分辩？我跟你辩都不能辩吗？伊藤博文说，你辩好了，但不能减少，我要的条件不能减少，随便你辩，可是不能减少。你想想这是什么口气啊！李鸿章是在这种情形底下跟日本的伊藤博文谈判的。"[2]弱国无外交，国运如此，大清国国力弱到了极点，在这个过程中，李鸿章被推到这样一个位置上，非常无奈。

"我们再看后来对于台湾，李鸿章说如果不肯让，不肯割让台湾给你，又将如何？伊藤博文说，如果所让之地必须以兵力所到之地。我兵若深入山东各省，将如之何？意思是说，你不给我台湾，我就要你山东了，我打到山东去了。做这个假设，做这个威胁。李鸿章有什么办法，是牺牲山东呢，还是牺牲台湾？"[3]日本以深入山东并进入各省相胁，言外之意是你愿意牺牲台湾还是愿意亡国。李鸿章没有选择，他怎么会不知道合约一旦签下，自己的名节就将毁于一旦，死后仍得背负骂名。

"我们再看日本人吵着要办手续，就一个月。李鸿章说时间来不及，两个月吧。李鸿章说，头绪纷繁，两月方宽，办事较妥；贵国何必急急，台湾已是口中之物。你看伊藤博文怎么说，伊藤博文说尚未下咽，饥甚。口中之

---

[1] 节略，外交文书的一种。用来说明事实、证据或有关法律的问题，不签字也有用印，重要性次于照会。

[2] 引自《李敖有话说3》，李敖著，中国友谊出版公司，2006年1月版。

[3] 同上。

物，我还没咽在肚子里面，我肚子饿得要死。你看这什么口气啊，日本的王八蛋。"[1]

李鸿章与伊藤博文的谈判，是一场羔羊与恶狼的谈判。李鸿章全无谈判的筹码，这位73岁高龄的老人，抱着争得一分是一分的态度，拼力力争，"舌敝唇焦，磨到尽头处"，其实根本没有可商量的余地，李鸿章不愿意自己的名字出现在耻辱的条约上，最后却不得不签下了中国近代史上最耻辱的《马关条约》。

《马关条约》的危害首先表现在割让台湾、澎湖、辽东半岛给日本，使台湾跟祖国隔离。它大大刺激了列强瓜分中国的野心，各国竞相在中国划分势力范围。如果说甲午战争以前，列强对大清帝国还有最后一丝敬畏的话，甲午战争之后这种敬畏就彻底没有了。甲午战争以前，我们打败仗都是输给英法。输给英法不丢人，全世界谁打得过英法？俄罗斯打不过，美国打不过，澳洲更甭提了，非洲还用说吗？拉美谁能打得过？拉美不是从西班牙、葡萄牙这"两颗牙"手里独立出来的吗？所以谁都打不过英法，我们输了也不丢人。现在被谁打了？日本，一千多年跟我们低声下气的日本。"以寥寥数舰之舟师，区区数万人之众，一战而剪我最亲之藩属，再战而陪都动摇，三战而夺我最坚之海口，四战而威海之海军大替矣。"中国这人就丢大了，中国在亚洲称王的时期也结束了。一千多年汉唐以来形成的以中国为亚洲中心的体系被颠覆了。甲午一战乾坤颠倒，日本国力不如中国，都能把中国打成这样，西方列强一看日本都行，咱哥儿几个别客气了，来吧，竞相在中国划分势力范围。

特别是这一仗打完，台湾就出去了，1895年台湾被占领，直至1945年抗战

---

[1] 引自《李敖有话说3》，李敖著，中国友谊出版公司，2006年1月版。

胜利，台湾光复，整整被日本占领了50年。这50年小日本在台湾推行奴化教育，台湾人必须起日本名字，按日式的起居饮食，家家不能供祖先，要建神社，供日本的天照大神。每天中午老师带着学生向东京皇宫方向遥拜，学生的课本里面的世界地图，日本、台湾、朝鲜是一种颜色。扉页上都印着这么一段话，"大日本天皇陛下对本土人民、半岛人民、台湾人民皆爱若赤子"，就向台湾人灌输这种观念，日本、台湾、朝鲜是一个国家，都是天皇陛下的子民。

1945年，台湾的经济水平确实在中国是最高的，至少它50年没打仗了，内地一直在起义，在革命，在打仗，小日本在那里搞了经济建设。这样造成的结果是，台湾的民族认同感相当低，好不容易回来了4年，1949年内战结束国民党政府逃到台湾，到现在一眨眼60多年。从1895年到现在117年，这117年里面，台湾只有4年跟大陆连在一体，113年都分开，所以这种认同感需要慢慢找回来。台独势力这么猖獗，始作俑者是谁？小日本。如果没有这一次台湾跟祖国分离，能够闹台独吗？四川怎么不独立？北京怎么不独立？

其次，巨额赔款，清政府无力偿还，不得不举借外债，列强通过贷款控制了中国的经济命脉。大清一年财政收入是8800万两，要给日本2亿两，后来赎辽东花费3000万两，威海卫赎城费150万两，8年还清，这一笔钱可就多了去了，到哪儿去找这一笔钱？只能跟洋人借。借洋债，跟英法俄德四国银行借了3亿两银子，拿到手的是2.65亿两，剩下的算回扣了，要还7亿两，还有很多苛刻的政治条件，还清贷款之前，铁路得列强修。这笔钱折合成日元是3.25亿，相当于日本4年财政收入的总和，也就是说咱们赔这一笔钱，3年不吃不喝，小日本可以4年什么都不干。当时正好是第二次工业革命时期，日本急需资金，中国一下给了4年的财政收入总和，于是，到19世纪末20世纪初，日本一跃成为帝国主义六强，与英法俄德美并驾齐驱了。

再次，开放通商口岸，外国侵略势力深入中国内地。这次战争后，中国开苏州、杭州、沙市、重庆四个通商口岸。重庆已经是西南腹地，八年抗战时，国民政府就在重庆领导抗日战争。从乾隆二十二年（1757年）闭关锁国，专限广州一口和恰克图一城。第一次鸦片战争后，到广州、厦门、福州、宁波、上海五处。第二次鸦片战争后开放牛庄（后改营口）、登州（后改烟台）、台南、淡水、潮州（后改汕头）、琼州、南京、九江、镇江、汉口。中日《马关条约》又开放重庆、沙市、苏州、杭州为通商口岸，并且允许日本设工厂免收内地税。

最后，资本输出，在中国设工厂，阻碍了中国民族资本主义的发展。这个今天看得特别明显，巴黎春天百货商店，最好的耐克鞋也就是50多欧元，折合人民币400多元，法国人都不买。咱们这儿耐克鞋除非是十年前的款式，打完折也不是这价，这鞋都哪儿生产的？大部分都是中国生产的，结果中国卖得最贵，人家那儿极其便宜，二三十一双就很不错了，这个巨额利润都被洋人挣走了。咱们出口一双鞋挣2.3元，出口一件衣服挣3.51元，大部分的钱都让人家挣走。很多年前一个芭比娃娃在美国市场上9.99美元，2元从中国进的，运费1元，出口材料0.65元，等于中国做这么一个娃娃挣0.35元，大头都让人家给挣走了。最后还算咱们跟他们的贸易顺差，因为这个东西Made in China。你能找到美国生产的耐克鞋？开玩笑，那得多少钱一双？工人一年五六万美元，他做鞋多少钱一双，工厂得卖多少钱才够给工人开工资？咱中国劳动力极其便宜，几乎跟不要钱一样。倒退一百年，连那三块多钱你也没地儿挣去。

最让人哭笑不得的是俄、德、法三国干涉还辽。俄、德、法强迫小日本把辽东半岛还给中国，是出于对中国人民的同情与友谊吗？不是，俄国想把中国东北变成黄俄罗斯，它想要却被小日本给弄走了，俄国绝不答应。俄国的盟友法国，也跟着抗议。德国想占山东，也不愿意辽东变成日本领土，所以三国抗议。日本一看国库就剩耗子屎了，没法跟强国作战，那行，辽东我就不要了，但是给我钱，3000万两银子。俄国说我有功吧，我给你要回辽东，旅顺、大连归我了，强租25年，把辽东变成俄国的势力范围。结果老毛子不争气，十年后日俄战争战败，小日本又把这地儿给弄回来了，等于我们白花了3000万两银子，兜一圈，最后这地儿还是小日本的。九一八事变后更彻底，不光是辽东半岛，大清龙兴之地、太祖太宗陵寝所在，都成日本领土了，要是我们要不回来，扫墓得申请签证，给祖宗上坟去不了，可怜。

清政府无能，台湾人民有种，台湾人民自发进行了保卫战，前后五个多月大小百余仗，打死打伤日军3万多人，比甲午战争当中清军打死打伤的日军都多。日军主力部队近卫师团有一半被消灭，近卫师团和日本的二、三、五、六师团，并称日军的五大主力。近卫师团在这一仗被消灭了近一半，以后历次战争包括第二次世界大战都没有出动过，只保卫皇宫。近卫师团师团长、陆军中将、明治天皇的叔叔北白川宫能久亲王被击毙，第一旅团长山根信成少将也被击毙，近卫师团死了一个中将师团长、一个少将旅团长，这个师团长还是皇叔刘玄德一样的人物。但可惜没能保住台湾。

06. 老佛爷掐断了变法的路

维新人士十大论条

甲午战争中国损失太大，面子上也过不去，梁启超先生讲："华夏四千年大梦之唤醒，实自甲午战败，割台湾，偿二百兆始。"这一仗可把中国人打醒了。我们为什么败给小日本，有人开始琢磨，因为我们的变革没有触及根本，小日本除了人种不能变，其他全变了，完全西化。咱们是弄一点皮毛，"中国文武制度，事事远出西人之上，独火器万不能及"，得，现在火器跟人家一样了，还干不过人家，而且干的还不是欧洲，是它的学生日本，跟老师打就更打不过了。这样一来，中国人认识到，制度也得变革，所以才有了戊戌变法。

甲午战争后帝国主义瓜分中国，中华民族面临亡国灭种的危险。但中国自然经济进一步被破坏，大量的劳动力市场涌现，朝廷为了扩大税源，解决财政危机，放宽了对民间设厂的限制，标志着中国几千年的传统经济政策——从商鞅变法开始的重农抑商政策开始改变，与世界潮流接轨，资产阶级活跃异常。

19世纪60年代，由于西方资本主义思想的传入和中国资本主义的产生，出现早期维新思想。王韬、郑观应在经济上主张发展民族工商业，与外国进行商战；文化上兴办学校，学习西方自然科学知识；政治上实现君主立宪，突破了洋务运动的思想主张。早期维新思想没有形成完整的理论，只是就事论事。

有行动的是康有为、梁启超等几位，他们的思想为变法做了理论准备，主要行动是：

第一，开办学堂，即广州的万木草堂。万木草堂主要讲授中国数千年来学术源流、历史政治沿革得失，涉及西方国家历史、政治，也注重体育和音乐。万木草堂创办之初，康有为就主张"脱前人之窠臼，开独得之新理"。草堂的命名，就有培植万木、为国家培养栋梁之才的意思。

1891年3月，康有为撰写了《长兴学记》作为万木草堂学规，以《论语》"志于道，据于德，依于仁，游于艺"为纲，对学生施以德、智、体教育。在德育方面，康有为提倡厉节、慎独、主静、养心、检摄威仪、敦行孝悌、崇尚任恤、同体饥溺等传统道德修养，其中的内容仍然没有脱离封建教育，但他的目的则在激励气节、发扬精神，从而让更多的国民发愤图强。在智育方面，当时万木草堂开设四种课程：义理之学、经世之学、考据之学和词章之学。义理之学，包括孔学、佛学、周秦诸子之学、宋明理学、泰西哲学等；经世之学，包括政治原理学、中国政治沿革得失、万国政治沿革得失、政治应用学、群学等；考据之学，包括中国经学、史学、万国史学、地理学、数学、格致学等；词章之学，包括中国词章学、外国语言文字学。

这些课程，虽然还是以传统的学术为主干，但与当时专学八股、帖括词章的传统学堂形成了鲜明的对比。在体育方面，除规定上体育课之外，康有为又将体育与习礼结合起来，寓体育于礼仪音乐之中，并举行兵操和射击练习。在弟子们的帮助下，康有为编著了《新学伪经考》和《孔子改制考》，托古改制，宣传今文经说，鼓吹变法维新。起初学生不满20人，后增至100多人，培养出了一批著名的维新变法人才，其中梁启超、麦孟华、徐勤等成为戊戌变法的骨干。1894年，康有为赴北京参加会试，学堂一度停办。1896年后又有短期讲学活动。由于万木草堂明确提出中体西用为办学宗旨，而且采用中西并重的教育内容，对当时的书院教学影响很大。后来梁启超在湖南主讲时务学堂时，基本上承袭了万木草堂的办学精神。

第二，康有为把西方政治资本主义学说同传统儒家思想相结合宣传维新变法，撰写了《新学伪经考》和《孔子改制考》，奠定了资本主义维新派进行变法的理论基础。

第三，梁启超在《时务报》上发表《变法通议》，指出："法者天下之公器也，变者天下之公理也。"指明变法有四条途径："其一，像日本，自变；其二，如突厥，他人执其权而代变者也；其三，如印度，见并于一国而代变者也；其四，如波兰，见分于诸国而代变者也。吉凶之故，去就之间，其何择焉？"主张学习日本，迅速变法，避免印度、波兰那样亡国的命运。

第四，发动"公车上书"，使维新思想发展成为爱国救亡的政治运动。1895年，李鸿章跟伊藤博文签订《马关条约》，签完字之后需要两国的皇帝批准，加盖玉玺，用玺之后才能生效，当时日本给的期限是10天。消息传来，康有为正好在北京参加会试，联络各省会试的举人1300多人联名给皇帝上书，康有为在北京南城杨椒山祠写就的上书里说："闻日本索偿二万万，是使我臣民上下三岁不食乃能给之。若借洋债，合以利息扣折，百年亦无偿理，是自毙之道也。与其以二万万偿日本，何如以二万万外修战备，内变法度哉！"听说日本要赔两亿，我们上至老佛爷，下至小百姓，勒紧裤腰带三年不吃才能给它。要是向洋人借钱，不晓得几时能还清，这是死路一条。要是这两万万自个儿花多爽，你赔它干吗？所以康有为提出拒和、迁都、练兵、变法四项主张。

拒和就是拒不签订《马关条约》。康有为提议迁都到西安去，那个地方离大海远，周秦汉唐历代兴王之地，小日本登陆一定到不了那儿。练兵，练20万精兵，拿2亿两银子练兵、买武器，跟小日本再决一死战。变法，"窃以为今之为治，当以开创之势治天下，不当以守成之势治天下；当以列国并立之势治天下，不当以一统垂裳之势治天下。"康有为引经据典，说《易经》里头说了：穷则变，变则通。董仲舒也说了，为政不调，甚者更张，乃可谓理。要是祖宗的法不能变的话，那么世祖何尝没有变太宗皇帝的法？要是用八贝勒的旧法治天下，那我清朝怎能够长治久安呢？不变法而割祖宗之疆土，到最后亡国，与变法而使宗庙得以继续，孰轻孰重，孰得孰失，皇上必能分辨的。康有为用古圣先贤、列祖列宗的例子说明变法的合理性。这一封上书，皇上是看不到的。朝廷的法度是京官四品以上，地方官三品以上，才有权上折子。否则全国那么多官员，人人给皇上上折子，皇上不得看吐血？清朝每一代皇帝有这种专折奏事权的官员就300多个人，300多人一天给皇上上一折子，300多份折子皇上从早看到晚，你老百姓上折子那不可能。通政使司衙门拒绝代奏，所以皇上没看到。但是此文在报纸上一发表，康、梁火了，成了知识分子的偶像，一夜爆红，名震天下。

第五，创办《中外纪闻》。《中外纪闻》是资产阶级早期政治团体的机关刊物，它登载一些格致①有用的书，探讨万国强弱的原因，提出言政敷治的建议，在中国近代政治史、新闻史上有一定地位。后来，这份刊物成为维新派的重要舆论期刊，其前身是《万国公报》，由梁启超、汪大燮②任主编，是中国资产阶级政党报刊的萌芽。该报的出版使广大官员和知识分子渐知新法的好处，为改良派政治团体的建立和改良运动的进一步开展创造了有利条件。

第六，成立强学会，又称强学书局，或译书局。入会者众多。袁世凯曾捐银入会。帝师李鸿藻、翁同龢等予以支持。李鸿章也愿捐银2000两入会，因签订《马关条约》名声不好，遭到拒绝。英国传教士李提摩太③等也加入强学会。北京强学会成立之后，康有为立即南下南京，游说两江总督张之洞。11月，上海强学会成立。1896年1月12日刊《强学报》，提出开议院的政治主张，倡导维新变法。强学会之后，各地也纷纷组织会社，有湖北质学会、广州圣学会、湖南南学会、广东粤学会、苏州苏学会、陕西味经学会，上海有不缠

---

① 格致是中国古代认识论的一个命题，指穷究事物的道理而求得知识。

② 汪大燮（1860-1929），原名尧俞，字伯唐，原籍安徽黟县，清光绪十五年（1889年）中举，援例为内阁中书，升侍读，户部郎中，后考入总理衙门章京，以明敏谨慎著称。辛丑和议时，沙俄妄图在山东享受特别权利，汪上书陈述利害，被清廷采纳，拒绝了沙俄的无理要求。1914年，汪任教育总长，明言废除"中医"之举，为近代中国第一次掀起废中医之议。1917年，汪任代理国务总理。同孙宝琦、钱能训合称"三老"。晚年致力于红十字会慈善事业。

③ 李提摩太（1845-1919），英国浸礼会教士，1870年来到中国，最初他在山东、东北一带传教。积极投入山东、山西的救灾活动，在甲午战争、戊戌变法、义和团运动期间，他积极活动在上层人士中间，曾建议将中国置于英国的"保护"之下。他主持广学会达25年，出版《万国公报》等十几种报刊，通过译介西学，出版刊物，李提摩太影响了许多官员和知识分子。他参与了戊戌变法，被维新派视为精神导师。李提摩太在中国近代外交舞台上也扮演了重要角色。他经常参加中国和列强间的斡旋活动。另外，他还热心中国的教育，创办了山西大学堂，这是中国最早的教会大学之一。1916年，由于健康原因，李提摩太回到英国。著有《亲历晚清四十五年》。

足会、农学会、译书会、蒙学会等。强学会已具有现代政党的雏形。

第七，同封建顽固势力论战。论战中的封建顽固势力，包括洋务派。论战主要围绕三方面展开：要不要维新变法；要不要兴民权，实行君主立宪；要不要提倡西学，改革教育制度。中心是要不要让资产阶级参与政权，实行君主立宪制度代替君主专制制度。维新派同封建顽固势力的论战，是近代史上维新与守旧的论战，是资本主义思想与封建主义思想的第一次正面交锋。使一些知识分子开始摆脱封建思想的束缚，推动了维新变法运动的高涨。

第八，德国强占胶州湾，康有为再次上书光绪帝，迅速变法。康有为跟皇上讲，说现在是"万国报馆，议论沸腾，咸以瓜分中国为言，若箭在弦，省括即发。海内惊惶，乱民蠢动……瓜分豆剖，渐露机芽，恐惧回惶，不知死所……恐自尔后，皇上与诸臣虽欲苟安旦夕，歌舞湖山而不可得矣，且恐皇上与诸臣求为长安布衣而不可得矣。自台湾割让后，天下皆知朝廷之不可恃，人无固志，奸宄生心……加以贿赂昏行，暴乱于上，胥役官差，蠹乱于下，乱机遍伏，既无强邻之逼，揭竿斩木，已可忧危。"瓜分豆剖，这个时候渐露机芽，德国能占胶州湾，法国就能占广州湾，英国就能占威海卫，意大利都想租三门湾，中国面临被瓜分，面临着严重的外患。

同时，老百姓内乱，要造反了，所以面临着内忧外患，皇上需要迅速变法。在上书中，康有为围绕召开国会、定宪法的主张，进一步提出变法的上、中、下三策。皇帝仿效彼得大帝和明治天皇，亲自主持大计，宣布变法，是上策；召集有才能的人，共商变法的具体方案和步骤，依次推行，是中策；责成督抚在各省实施新政，是下策。当时康有为中了进士，授官六品工部主事，闲衙冷曹一个小官，皇帝见他不符合规矩，但给了他专折奏事权，你虽然见不着我，你可以给我上折子，你不是让我变吗，咱们怎么变，大变？小变？所以康有为给皇上上了一个《应诏统筹全局折》。

第九，1898年，康有为起草《应诏统筹全局折》，这是资产阶级维新派的施政纲领。在这份折子里，康有为写道："今天世界上的守旧国家，没有不被分割，不亡国的。被人家割了土地被人民推翻的有波兰；有捞权捞利被举事而亡的缅甸；有亡尽土地，人民还是人民，国家不过徒有虚名的越南；有收利权而后亡的印度；有自己握其权利而慢慢被分割最终亡国的土耳其、埃及。我朝今天没有士，没有兵，没有粮饷，没有船只，没有军械，虽名为国，而土地、铁路、轮船、商务、银行，只要听到洋人一声命令，任凭取之。虽然形式上没有亡国，实际上国已经不存了。以后会是怎样，我不忍心说。看世界各国，都以变法而自强，守旧而亡国。以皇上的聪明，看各国的形势，能变则全，不变则亡，大变则强，小变仍亡。"

康有为还进一步分析，"今之部寺，率皆守旧之官，骤与改革，势实难行"，所以主张"既立制度局总其纲，宜立十二局分其事"，设立法律局、度支局、学校局、农局、工局、商局、铁路局、邮政局、矿务局、游会局、陆军局、海军局。康有为在机构设置上的提法让陈旧的中国耳目一新。康有为对当前一番形势的分析，看得光绪皇帝很害怕，想想也有道理。老康的话句句说进了皇帝心里。

第十，成立具有资产阶级政党性质的保国会。1898年4月12日，保国会在北京成立，拟定《保国会章程》三十条，主要内容是："以国地日割，国权日削，国民日困，思维持振救之，故开斯会以冀保全"；以"保国"、"保种"、"保教"① 为宗旨，讲求变法、外交、经济，以协助政府治理国家。规定在北京、上海设总会，各省、府、县设分会，时已略具政党规模。共集会三次，意在集群策、群智、群力，发愤救亡，推动维新运动。接着，保滇会、

---

① 这里保教的"教"，特指儒家思想。

保浙会、保川会相继组织。保国会的成立，使顽固派与维新派的斗争更加激化。顽固派大骂康有为僭越妄为，非杀头不可，攻击保国会保中国不保大清，名为保国，势必乱国。光绪帝力挺康有为，所以保国会虽然连遭劾奏，但未被查禁。

多个敌人少条路

康有为的维新思想体系对中国思想界是一种强有力的刺激。1898年6月，光绪帝颁布《定国是诏》，开始变法，史称"戊戌变法"。"国是"则指国家大计，国家的指导方针、理论基础、方针政策。《定国是诏》是光绪帝颁布的改革纲领。

诏书中说，数年以来，中外明主，讲求时务，多主张变法自强。我今天在诏书中说的，开特科、裁冗兵、改武科制度、立大小学堂，都是经再三审定，觉得成熟以后才打算实施的，但这毕竟是从未有过的新鲜事，对它的评论肯定是莫衷一是。有的人老成忧国，以为必须墨守成规，循规蹈矩，新法必当摒除。试问今日时局都这样了，国势是这种状况，如果仍用不练的兵，有限的钱，没有实学的人，在强弱明显、贫富悬殊的情况下，能对抗外夷的坚船利炮吗？国家大计要是不定，则号令不行，最终的结果肯定就是门户纷争，相处如同水火，走宋朝、明朝的老路子，对于状况的改善一点用都没有。最后皇上对众臣给予了很高的希望，希望各王公大臣努力向上，发愤图强，用圣贤义理之学植其根本，博采西学多多务实，改变空谈的流弊。专心致志，精益求精，不要只学皮毛，空说大话，化无用为有用，以成通经济变之才。

颁布诏书时仪式十分隆重，历史上称为"金凤颁诏"。在进行颁诏仪式时，工部①要预先在天安门正中垛口设置备有黄案的宣诏台，并准备好"金凤

---

① 清朝的工部主管兴修水利、主要的土木建筑工程。

朵云"，金凤朵云是漆成金黄色的木雕凤凰和雕成云朵状的木盘。捧接诏书的官员和宣读诏书的官员衣冠楚楚，恭候在那里。诏书放在太和殿黄案上，皇帝盖上玉玺后，经过一套繁琐的礼仪，由礼部尚书用云盘承接诏书，捧出太和殿，暂放到午门外的龙亭里，然后在鼓乐仪仗的引导下，抬到天安门城楼上，再将诏书放在宣诏台的黄案上。宣诏官登台面西而立，宣读诏书。这时，只见天安门下金水桥南，文武百官按官位序列，依次面北而行三跪九叩大礼。

诏书读完，由奉诏官把诏书卷起，放在木雕的金凤嘴里，再用彩绳悬吊金凤从天安门垛口正中徐徐放下。城楼下早有礼部官员双手捧着朵云样的盘子，等在那里，这样，金凤嘴中的诏书也就落在云盘中了，此举称为"云盘接诏"。

接诏后，诏书仍要放回天安门前的龙亭内，然后由黄色伞盖、仪仗、鼓乐为前导，浩浩荡荡抬出大清门，送往礼部衙门。这时，礼部尚书早已从长安左门快步回到礼部衙署门前跪迎诏书，并将诏书恭敬地放在大堂内，行三跪九叩礼。随后，用黄纸誊写若干份，分送各地，颁告天下。[①]诏书的颁布，标志着戊戌变法开始。

政府准许官民上书言事，裁汰冗员，废除旗人特权。官民上书言事是好事，皇上就靠300多人向他汇报外面的情况，他基本上两眼一抹黑。光绪皇帝并非庸君暗主，就是胆小懦弱一点，也算得上是少年早慧，受过良好的教育。结果他让人蒙成什么样？皇上平日一天吃6个鸡蛋，一个鸡蛋是3文到5文铜钱，结果内务府给他报账说26两银子一个，你一天吃6个，就是156两银子。一两银子是2000多个铜钱，156乘以2000，然后除以3或5，算算能买多少个鸡蛋？这鸡蛋打碎了皇帝能在里面游泳。

---

① 引自《近600年历史的天安门》。

皇帝一天吃这么多鸡蛋，却连鸡蛋多少钱一个都不知道。老师翁同龢给他上课，皇上说话了："翁师傅，这个鸡蛋特别好吃，稍微贵一点，你们家吃得起吗？"翁同龢自然知道这是太监捣鬼，他不能说破："我们家吃不起，祭祖宗时拿一个鸡蛋模型摆一摆。"结果皇帝召见外省官员就出事了，外省官员不明就里，"朝臣待漏五更寒"，皇上早早地跟他谈完了公事聊聊家常吧。

"卿这么大早就起来上朝，吃早点了吗？"

"吃了。"

"你早点吃的什么？"

"臣家贫，只鸡蛋三枚而已。"

皇上一听就晕了，你一个月挣多少钱，敢吃三个鸡蛋，一顿早点，70多两银子你干进去了。这个官可能当过京官，一看周围太监脸色有变，狠狠地盯着他，他明白是太监捣的鬼，便说皇上你吃的是超市里面的无公害鸡蛋，我这是早市里的臭鸡蛋，便宜。皇上说原来是这样，皇上不能吃臭鸡蛋。

准许官民上书言事，民间疾苦就悉入龙眼了，这是好事。取消闲散机构，裁汰冗员，废除旗人特权，这也是好事，但问题是有相当多的人要跟你玩儿命了。日本明治维新，不是减人而是增加人，原来的地方大名这时候让你做藩知事，但是别掌实权，一切待遇不变，武士的俸禄由国家出，你最起码要让他活得下去，生活水平还比原来好一点，就像宋太祖杯酒释兵权，你得有赎买政策。戊戌维新倒好，从明天开始你下岗了。我除了当官什么都不会，你让我下岗，我不跟你玩儿命怎么着？旗人是不应该寄生，问题是旗人是大清的根基。你不给他钱粮，他们就全上颐和园找太后出来主持公道，这样无形中就制造了很多对立面。

经济方面保护农工商业，编制预算决算，设立邮局。

军事方面改习洋操。洋操不是广播体操，是用洋人的操练方法。打仗得匍匐前进，别背着洋枪摆八卦阵，没用。诸葛武侯传下来的，诸葛六侯也没用，一炮就轰烂了，你该匍匐前进得匍匐前进，然后一二一齐步走，你得这么练洋人的操练方法。要是每个士兵后边背一杆旗，你不是有毛病吗，唯恐人家发现不了你？

文化教育方面，开办京师大学堂，各地设立中小学堂，京师大学堂就是今天的北大，中小学堂就是中学小学。废八股改试策论，这事又大了，读书人十年寒窗准备，一朝临考，你通知我不考孔子孟子改考原子电子了，我跟你拼了。谁会那个？变法的措施，给变法者树的对立面太多，好是好，未考虑周全。

维新变法得到了民族资产阶级、开明地主、爱国知识分子的支持，只是这些人在中国少之又少。戊戌变法失败后，变法代表人物严复曾说过，中国守旧和维新的人是1000∶1。可能连这个比例都不止，那维新变法肯定要失败。

老佛爷发怒了

光绪皇帝支持变法，一方面是不甘心做亡国之君，另一方面也想将权力从慈禧手里拿回来。慈禧26岁守寡，掌权48年，心理变态，陪伴她打发漫长岁月的是权力。慈禧善于玩弄权术，1861年，咸丰帝尸骨未寒，慈禧便联合恭亲王发动辛酉政变，除掉八位顾命大臣，宣布垂帘听政。1873年，同治帝下旨重修圆明园，第二年，工程全面铺开，内外重臣都认为这是劳民伤财之举，恭亲王也屡谏阻止。同治帝大怒，降恭亲王为郡王并撤去其一切职务。第二天，慈禧出面，加恩赐还恭亲王一切爵位，从此以后，恭亲王对慈禧更加俯首帖耳。

慈禧的亲儿子同治皇帝被她活活逼死了，怀有四个月身孕的皇后也被她冷言冷语千般虐待自杀身亡。从理论上说，应该由比同治皇帝低一辈的人继承大统，如此一来，慈禧晋升太皇太后，无法垂帘听政。所以她坚持立当时年仅4

垂帘听政图

岁的载湉为帝，就是光绪。光绪性格懦弱，但天资聪明，受过良好的教育，一直想摆脱受制于人的局面，却苦于无力摆脱。

清朝的冲灵之主继位，应该是14岁大婚，世祖、圣祖都是这样，圣祖康熙14岁大婚，继而除鳌拜，大婚就表示已经成年。而光绪帝眼瞅着19岁了，还不让大婚，其实就是慈禧不愿意放权。群臣议论纷纷，慈禧没辙了，只好下令光绪大婚，然后自己撤帘归政。于是八旗秀女全来参加选秀，经过初赛、复赛、决赛，最后闯进决赛的五个女孩，即慈禧的亲弟弟桂祥之女叶赫那拉氏、江西巡抚德馨的两个女儿、侍郎长叙的两个女儿，在体和殿等待太后跟皇上面试。

皇上拿着玉如意递到谁手里谁就是皇后，给荷包的就是嫔妃，给50两银子的，就是给你报销往返机票走人。太后就说："皇帝谁堪中选，汝自裁之，合意者即授以如意可也。"皇上回答："此大事当由皇爸爸主之，子臣不能自主。"太后坚持令其自选，皇上看中了巡抚德馨的长女，拿着玉如意奔向自己的梦中情人。走到半路脑袋后面一声暴喝，皇帝回头一看，太后满脸怒容冲都统桂祥的女儿努嘴，都统桂祥是光绪的亲舅舅，他的女儿是光绪的表姐，比光绪大三岁。慈禧冲叶赫那拉氏努努嘴，给她！光绪万般不情愿地把玉如意交到了自己表姐的手里，这就是后来的隆裕皇后，叶赫那拉氏相貌平庸，且含胸驼背，和"靓丽"二字不沾边，且已21岁，比光绪帝还年长3岁。在光绪看来，表姐当妻子有点接受不了，而且隆裕的长相又难如人意，不选其为后也在情理之中。但隆裕是慈禧指定的，光绪再不愿意也不敢违背太后懿旨。大婚当晚，光绪自个儿回养心殿，把皇后扔到坤宁宫，两人感情一直不好，夫妻失和。

慈禧将侄女立为皇后，有着自己的如意算盘。首先皇帝的后妃，尤其是皇后，与皇帝的关系最为密切，对皇帝的想法有特殊影响力。将自己的侄女立为皇后亲上加亲，而且这样做无异于在光绪身边安置了一个最忠实可靠的耳目和密探。其次，同治帝选后的失败对她的教训很大。慈禧与同治帝的皇后阿鲁特氏有矛盾，甚至导致母子不和，慈禧自然不愿让历史重演。

婚后，慈禧太后跑到颐和园幕后操作，光绪一直耿耿于怀，变法要不跟太后打招呼也不合适，于是去找太后。太后对光绪醉心于新思想早有耳闻，老太后沉得住气，只要大清国号不改，辫子不剪，别的我不管你，变去吧。光绪傻傻地变，这一变把底下人都得罪了。六部堂官好几十人，成群结队往颐和园跪，请太后出来，太后一出来光绪就没戏了。

据说皇上被囚禁前，多次密诏让康有为等人来救，谭嗣同智慧火花一闪而现，找袁世凯。干吗要找袁世凯呢？变法初期，袁世凯在训练新军，表现出对变法极大的热忱，还捧过光绪帝的臭脚，骗取了维新人士和皇帝的信任。维新人士冒死一搏，想争取袁世凯的新军同老佛爷最后一战。搁咱们谁是袁世凯，咱都毫不犹豫地把他给卖了，因为你找我本身就把我给搁进去了，你让我7000新建陆军打北京，围颐和园，杀太后，太后跟皇上谁腿粗我拿脚指头都能想得明白，我干这事，开玩笑吧。我绝对不能干，搁咱谁也不会干这事，所以这一帮人就是书生误国。慈禧太后后来说，康有为要想变法干吗不找我？谁有权啊。太后有权你找皇上，人家娘儿俩的事，你说你两姓旁人搅和这浑水干吗？你还找袁世凯，袁世凯连犹豫都不犹豫就把他们给卖了。

太后一听有这事，成。维新变法百日后，百官上朝，宝座上是满面怒容的老太后，皇上坐在边上的小马扎上。太后说你看我春秋已高，六十多了，本不打算干预朝政，这皇上闹得太不像话了，一帮老臣劝我以江山社稷为重，我不得不出来。随后，慈禧太后将光绪帝囚禁于中南海瀛台，将谭嗣同等六人杀害。老太后到底还是个文化人，保留京师大学堂，其余被废。

瀛台是一个岛，四面环水，有一个吊桥，民国的时候修了石头桥。每天上朝的时候吊桥放下来，或者太监划着小船把皇上接到岸上，抬到养心殿往宝座上一搁，一言不发。慈禧太后说完了，看他一眼，皇帝你看呢，皇上赶紧站起来，亲爸爸说了算。光绪在瀛台，戴皇冠做了十年囚徒，那岛是当时中国最高级别的政治犯监狱。

皇后说我照顾你。住在这个岛上，监视他的一举一动。十年的时间，除了跟着皇太后上西安，那时候八国联军打过来了，不跑不成，剩下的时间就在那个岛上，看看《三国演义》，越看越郁闷。然后锻炼身体，射箭，箭靶子画一个大王八，写上袁世凯。

老太后收拾完光绪，接着收拾怂恿变法的一群人。谭嗣同要跑是可以跑的，但他慷慨表示："各国变法无不从流血而成，今中国无人为变法流血，此国运之所以不昌也，有之请自嗣同始。"我要以颈中鲜血唤醒国人，而且告诉梁启超："不有行者，无以图将来，不有死者，无以酬圣主。"你说一死酬圣主容易啊？还是逃到外地将来东山再起容易？当然是你难我容易，一死酬圣主，颈中鲜血唤醒国人。但国人能被你的血感动吗？开玩笑。你咔一刀被砍了，鲁迅说得好，拿着馒头蘸血吃，我管你是为什么死的，你的血能治病，这是典型的国人。你看所有留下来的历史照片，杀人的时候，老百姓围观都是一副兴高采烈的样子，好玩儿。为什么要在菜市口杀人，繁华啊，闹市啊，老百姓娱乐一下，占个座啊，给我买爆米花我给你占一座，多好玩儿。你想让自己的死感动别人，根本不可能，所以死了几乎白死。

惨死菜市口的戊戌六君子四个四品官，一个六品官，一个老百姓，康有为的弟弟康广仁是老百姓，他哥跑了，所以杀他。清朝的潜规则是杀官的时候，官越大，刀越钝，砍几刀这脑袋才能掉下来，这叫锯头。监斩官是一个顽固派——刑部尚书刚毅。好，让这几个人都享受一品官

戊戌六君子

待遇，拿钝刀砍。六君子临难不苟，慷慨殉节。读书人知道自己为什么死，平时袖手谈心性，临事一死报君王。我知道我为什么死，哪怕皮开肉绽，都能挺住，我有这种信念。这跟我就为吃一顿饱饭，谁给饭我就给谁干是不一样的。

07. 八国联军进北京

操演巫术挡枪炮

19世纪末，洋教遍布山东。中国的文化人都受儒释道熏陶，加入洋教的中国教徒有些就是地痞流氓。他们入教的目的是指望洋人罩着，见了知县可以不跪，可以横行乡里，欺男霸女。这本是教徒个人素质问题，跟宗教没有关系。而身受多重压迫的农民，满腔仇恨找到了一个出口，他们把仇恨的目标对准了洋教，进而指向洋人。这种朴素的心理发展为义和团的口号：扶清灭洋。

义和团的一大特点是几乎完全靠迷信、巫术来维持群众。练功能刀枪不入，能任意请出中国古代历史或传说中的人物，如关公、赵云、武松、孙悟空、猪八戒、黄天霸、樊梨花、观世音……出来为自己助战。许多团民时时念咒画符，"降神附体"以"大仙"自居，声称具有魔法神力，任何洋枪洋炮都不在话下。

对此，越来越多的人信以为真，全社会的迷信氛围达到顶点。到处散发传单，传单上印有："神助拳，义和团，只因鬼子闹中原。劝奉教，自信天，不信神，忘祖先。男无伦，女行奸，鬼孩俱是子母产。如不信，仔细观，鬼子眼珠俱发蓝。天无雨，地焦旱，全是教堂止住天。神发怒，仙发怨，一同下山把道传。非是邪，非白莲，念咒语，法真言。升黄表，敬香烟，请下各洞诸神仙。仙出洞，神下山，附着人体把拳传。兵法艺，都学全，要平鬼子不费难。拆铁道，拔线杆，紧急毁坏火轮船。大法国，心胆寒，英美德俄尽消然。洋鬼子，尽除完，大清一统靖江山。"

义和团的诗遍地都是："弟子同心苦用功，遍地草木化成兵，愚蒙之体仙人艺，定灭洋人一扫平。"当时的官府也受洋人欺负，对于把矛头指向洋人的义和团也就睁一只眼，闭一只眼了。

让你跟洋人斗一斗

山东一闹，列强抗议。上头一看，闹大了也不成，于是朝廷派袁世凯就任山东巡抚。袁世凯到任以后请最有实力的十个大师兄来抚台衙门吃饭。酒过三巡，哥们儿，你们真刀枪不入啊？这十人一放杯子，没问题，刀枪不入。袁世凯说拉到后面试试去。十个人这时候想反悔也来不及了，拉到帅府，德国毛瑟枪一打，没一个不入的。袁抚台用科学的方法反迷信，义和团一看，抚台大人不信邪，这地方不适合咱混，于是转奔河北，进逼京津。

皇宫里，慈禧太后正为废光绪烦心，老太太想把光绪给废了，立端郡王载漪的儿子为大阿哥，准备接光绪的班。年号都想好了，叫保庆。慈禧为了废黜光绪，对外宣称光绪得了重病，要求各地推荐名医诊治。

谁料，此举弄巧成拙，遭到朝廷上下反对，外国公使对此事非常关注，并派人跟总理衙门交涉，要求为光绪帝治病。慈禧被迫带着洋医生前往瀛台，结果发现光绪皇帝身体很好，借病废帝的想法不攻自破。在随后册立大阿哥的典礼上，列强公使无一到场，不给老太后面子。列强说你凭什么把皇帝给关起来？你不合法，人家是近代法治国家。慈禧说这是我们家事，你管得着吗？既然义和团扶清灭洋，民心可用，让他们去跟西方列强斗一斗。就算打不死洋人，还打不死义和团？这玩意儿最起码能挡子弹，义和团势力就此壮大。

最生猛的老太太

义和团有了老佛爷撑腰更是不可一世。庄亲王、端郡王两位王爷都在府里设坛，两王都变成大师哥了。庄亲王领着人进皇宫要抓二毛子头，就是光绪。北京的义和团在前门外大栅栏老德记洋药行放火，卖阿司匹林的地方，烧。5000多间房子给烧了，繁华的大栅栏一片焦土。有人央求放火的大师哥施法灭火，大师哥装模作样地比划了一下，说有妖人破了他的"法术"，溜之乎也。义和团在北京悬赏，杀一个洋人100两银子，洋女人70两，洋小孩40两。各省遇难的主教6人，教士45人，修女40多人，修女是侵略者的可能性比较小，义和团几乎是见到洋人就杀。教徒遇害18 000人，这18 000人都是中国人，谁要是教徒谁就是汉奸二毛子，汉奸这顶帽子，扣上就完蛋了。你敢说我们中国的军舰不如日本，你敢这么说，你完蛋了，我不跟你比什么军舰吨位、排水量，我不比那个，你说中国不行你就是汉奸，你说我们中国的装备比美国落后，你敢这么说，你就是汉奸。你说中国现在官场存在腐败，汉奸。

义和团好几万人围着使馆区，打使馆。使馆里面的各国守兵才100多人，能拿枪的全趴在墙头上开枪。100多天就是打不进去。当时，端郡王伪造列强逼迫慈禧退位的诏书，慈禧一看大怒，觉得列强欺人太甚，向他们宣战。慈禧应该是愤青心目中的偶像，最伟大的中国老太太，没有一个人比慈禧还伟大，她一口气向11国宣战。[1]大清创古今未有之举。这一宣战，洋人来了。

1900年，英俄德法美日意奥八国联军，从天津向北京进犯，意大利出兵53个，奥匈帝国出兵50个，加一块儿103个，也算八国联军的一部分。八国联军从天津坐火车到北京，那会儿的火车慢，不像现在半个钟头。那怎么着开半天也该到了，结果联军走了四天三夜刚到廊坊，因为义和团厉害，"挑铁道拔电

---

[1] 另一种说法是，宣战诏书实际上未发布。

杆，海中去翻火轮船"，火车想走，得自己铺铁轨，联军成工兵了。

联军到廊坊，进退无路，8000多义和团员在2000多爱国清军的配合下向八国联军发动了奋勇的进攻，取得了廊坊大捷，以死伤2000多人的代价打死八国联军62人，伤332人。义和团员抱着一罐子一罐子的血和尿扑向八国联军，机枪是妖法，拿血一泼它就不响了。你抱着一罐子真冲到阵地上，也都洒自己身上了。联军被泼一身尿，很生气，后果很严重。

联军进京，太后狂逃

八国联军攻陷大沽向天津进犯，攻陷天津后，直逼北京。联军被称为杂种杂牌军。杂牌不用说了，八国。杂种就是黑的白的黄的全有，联军里面法国兵800多，主要由越南人构成，还有什么摩洛哥、阿尔及利亚人。英军是3000多人，以印度人为主，另外就是香港和威海卫华人，香港和威海卫华人组成的中国军队经常被误认为是清军，实际上看军服就可以看出来是英军。可能纯一点的就是美国人。

联军连一个总司令都推举不出来，八国谁也不服谁，凭什么你当司令，谁要你。最后争来吵去，俄国人提议谁出的兵多谁当总司令，当时俄国人最多，4800人。日本马上同意，我们的福岛师团马上在中国登陆，15 000人，俄国人说就当我没说吧。吵完了以后俄国人灵机一动又提了一个建议，谁军衔高，谁当总司令，因为我是中将。德国人说可以，我们皇帝正在派瓦德西元帅来华，马上就到。俄国说那还算我没说吧。最后美国人和稀泥，凌晨3点出兵沿运河两岸向北京进发。德国说，我不去，我得等到瓦德西元帅来，我们只听瓦德西元帅的，打北京的是七国联军，北京打完了瓦德西才到，德国兵才开始北上。

七国联军打北京凌晨3点出发，小日本夜里2点半就起床了。反正不管几点出发，时间没一个人遵守。那感觉是来晚了就没了。16 000人的联军，日军8000人，俄军4800人，英军3000人，美军2100人，法军800人，奥军50人，意军53人。北京城里面的守兵11万，还有二三十万"刀枪不入"的义和团，当然这二三十万"刀枪不入"的义和团一听枪响，大多数就脚底抹油了。这就跟今天的愤青一样，平时嚷嚷打这个灭那个，欢极了，因为那是让别人流血，真到自己了，不知道大小便失禁不。偌大的北京城经过两天激战，宣告沦陷。联军首先攻破广渠门，而后蜂拥而入，老太后赶紧跑。

老太后化装成汉族农妇，带着皇上就跑了，一路上贴饼熬粥，风餐露宿，什么都没来得及拿走。联军一进北京，花花世界，朗朗乾坤。北京城各级官员及其眷属自杀殉国的高达1100多人，洋兵特别纳闷，中国人打仗这么没本事，怎么自杀那么有勇气。你跟我玩儿命呗，拼一个够本，拼俩赚一个，自杀算什么意思？有的官员全家投井，那井都满了，最后一个跳下去都是磕死的，不是淹死的。还有的一家好几十口悬梁自尽，一进门都飘着呢。联军士兵手持国旗，闯进胡同，东城西城的大宅院，一插，这是我们国家的，进去就抢。大宅门抢劫一空，王府烧为灰烬，庚子国难，损失惨烈。据记载，城破之日，洋人杀人无算。但闻枪炮轰击声，妇幼呼救声，街上尸体枕藉。北京成了真正的坟场，到处都是死人，无人掩埋他们，任凭野狗去啃食躺着的尸体。邓小平同志说过：中国是带着首都被敌人攻占的耻辱进入到20世纪的。

御侮不成，反而招祸

目的是想救国的义和团，救国不成，招来大祸。也不知道是不是想救国，按他们说的是想救国，结果呢，御侮不成，反而招祸，造成了八国联军打进北京的屈辱现实。中国在近代史上三次首都被敌人攻占：1860年北京，1900年北京，1937年南京。损失最大的其实应该是这一次了，庚子国难。要说烧了圆明园抢了多少东西，还能统计，但联军抢老百姓的东西，永远无法统计。连八国联军总司令瓦德西也供认，"所有中国此次所受毁损及抢劫之损失，其详数将永远不能查出，但为数必极重大无疑。"接着就签订了《辛丑条约》。

1900年，清政府被迫与11国签订了《辛丑条约》。主要内容有：

赔款。中国赔款白银4.5亿两，分39年还清，年息4厘，本息共计9.8亿两，以海关税、常关税和盐税作担保。

划定使馆区。将北京东交民巷划定为使馆区，成为"国中之国"。在区内中国人不得居住，各国可派兵驻守。

拆炮台，驻军队。拆除大沽及有碍北京至海通道的所有炮台，帝国主义列强可在自山海关至北京沿铁路的12个地方驻扎军队。

胁迫清政府承诺镇压反帝斗争。永远禁止中国人民成立或加入任何"与诸国仇敌"的组织，违者处死。各省官员必须保证外国人的安全，否则立即革职，永不录用。凡发生反帝斗争的地方，停止文武各等考试5年。

对德、日"谢罪"。清政府分派亲王、大臣赴德、日两国表示"惋惜之意"，在德国公使克林德被杀之处建立牌坊（该牌坊现立于北京中山公园内）。

惩治支持过义和团的官员。从中央到地方被监禁、流放、处死的官员共100多人。

设立外务部。将总理衙门改为外务部，班列六部之首，成为清政府与列强交涉的专门机构。

当时的东交民巷使馆区可不只是就东交民巷一条胡同，北到长安街，东到崇文门内大街，南到前门大街，跟紫禁城就一墙之隔。赔款的4.5亿两银子，分39年还清，就是还到1940年。到1936年我们大概支付了6亿多两白银。这笔钱俄国分了1亿多两，德国分了9000万两，然而，俄国1917年十月革命一爆发就不要了，德国1918年一战战败不给了，奥匈帝国战败，也不给了，法国、美国、荷兰把这个钱退给了中国，美国是拿这个钱做中国公费留学生的经费，今天的协和医院、清华大学都是用这个钱建的。只有日本，棺材里伸手——死要钱，一直赔到1936年。《辛丑条约》的签订，给中国造成了严重危害：

巨额的赔款，是列强对中国空前的大规模勒索；为支付这笔赔款，清政府加紧搜刮人民，使中国人民生活更加贫困，社会经济更加凋敝。

在北京设立的"使馆区"，实际上是"国中之国"，是帝国主义策划侵略中国的大本营。外国侵略者控制京津地区，使清政府完全处于外国军队的控制之下，便于侵略者直接派兵镇压中国人民的反帝斗争。

按照条约规定，清朝官吏严厉镇压中国人民的反帝斗争，进一步成为帝国主义的帮凶。而设立外务部，便于清政府按照外国侵略者的意旨实行卖国的外交政策。

《辛丑条约》是中国近代史上赔款数目最庞大、主权丧失最严重、精神屈辱最深沉，从而给中国人民带来空前灾难的不平等条约。从此，清政府成为资本主义列强统治中国的工具。《辛丑条约》的签订，标志着中国完全沦为半殖民地半封建社会。

这个历史挺靠谱

第三章

帝制已消成历史

（辛亥革命——护国运动）

01. 革命思潮大涌动

猛一回头烽火起

19世纪末20世纪初，帝国主义加紧对中国进行经济侵略，八国联军侵华结束之后，帝国主义打开中国国门，划分势力范围的目的已经达到。中国虽然不是被某一国独占，但是更惨，基本上被列强瓜分殆尽，成为多国联合殖民地。在国内，推翻清朝统治的呼声空前高涨，真是猛一回头烽火起。

著名的民主革命家陈天华，写了两本小册子《猛回头》、《警世钟》，号召人民参加革命。他用极其通俗易懂、浅白的语言告诉大家，中国已经成为列强的联合殖民地。

19岁的重庆青年邹容写出了《革命军》，国学大师章炳麟为书作序。这一老一少的奇怪组合，确实在人们的意料之外，这是革命运动在人民之中发生着不可思议的化学反应的体现。

《革命军》的内容包括了对清朝统治广泛的指控，用最富煽动性的语言号召民众进行革命，邹容的小册子倾注了对国内现状的不满，充满了对法国和美国的革命、德国和意大利的统一以及对华盛顿和马志尼等领袖人物及卢梭等思想家的钦敬。这个青年给中国的未来开了一张处方：模拟美国，革命独立。

邹容激烈的言辞和章炳麟的序，触怒了清朝当局。经过几个月的紧张努力，清廷好不容易找到二人活动的地方。当巡捕在某地正欲逮捕他们之时，章炳麟挺身而出："余人俱不在，要拿章炳麟，就是我！"邹容趁乱从后门逃走。章炳麟一生坎坷，是坚定的资产阶级革命家，也是"七被追捕，三入牢狱，而革命之志，终不屈挠"的豪杰。章炳麟被判了三年监禁，邹容后来自请入狱，被判两年，牺牲在狱中。

靠山已经靠不住

戊戌变法失败后，康有为、梁启超仍然坚持君主立宪的改良道路，章炳麟针锋相对，驳斥康有为的论调。他指出，革命是除旧布新的良药，实现民主共和是不可抗拒的历史潮流。

辛亥革命爆发的根源还是中国的民族危机，特别是1904年的日俄战争。日本打败了俄国，侵略势力扩张到了我国东北，这是日、俄帝国主义间的战争，可战场却在中国。中国人的民族心理和民族感情已经无法承受这样的情形，对于清廷的不满已经如箭在弦。

戊戌变法时，很多人对朝廷还抱有希望，民族资产阶级的力量相对弱小，对皇帝有所依赖。清朝政府采用一些小修小补的办法，将国内的不满引向帝国主义，并在形式上通过一些内政改革，缓解矛盾。在列强对华投资的刺激下，中国的民族资本主义有了发展。列强侵略中国的程度加深，必然会造成中国的自然经济进一步解体，中国的商品市场和劳动力市场进一步扩大。

然而，发展会受到帝国主义和封建主义的限制和阻碍。民族资产阶级革命派，为开辟民族资本主义独立发展的道路，提出了推翻清政府的要求。在中国发展资本主义，首先要拯救千疮百孔的中国。革命派深感朝廷的无力，中国大地处处水深火热，需要一次摧枯拉朽式的推倒重建。

02. 起义频现英雄凋

学习日本最直接

一直以来，屈辱的中国先进知识分子灵魂深处，对于保持"中学"和传

奇书《革命军》

统文化的步调是一致的，顶多在学习西方什么问题上产生分歧。没有多少人产生推翻清政府的想法。学习西方的目的是为了保卫中国文化，这种观念纯朴且根深蒂固，所有的分歧都可以在这里得到统一，这是中国士大夫们的终极追求。

19世纪晚期，中国留学生人数增多，足以引起政府的注意，足以在一切中国革命者中间构成人数最多、呼声最高和行动最活跃的一支力量。以孙中山为代表的先行者，发出了革命的呼喊。孙中山建立起一个组织，以推翻清廷、建立民国为己任。这在腐朽的中国打开了一个缺口。

1905年，孙中山、黄兴、宋教仁等兴中会、华兴会、光复会成员在日本东京成立了中国同盟会①。

中国人在甲午战争之后，对日本不是恨而是敬佩，尤其是当时中国的一些知识分子，同盟会就成立在日本东京。孙中山很早就羡慕西方和日本，羡慕它们政府的力量和效率、它们的科技水平和经济发展以及洋溢在它们社会之中的干劲和活动意识。20世纪初中国在海外的留学生有8000多人，三分之二在日本，一来是道近，生活费比较便宜，生活习惯相似；二来，认识到学欧美不如学日本直截了当，我们跟欧美国情不同，但与日本国情相似，遭遇处境也差不多，日本一下子就能成功，所以咱学它。

当时，国内有相当数量的有志青年去日本探索救国之道。中日两国完全撕破脸皮，血海深仇的局面是从"二十一条"日本要灭亡中国开始。中国一看，同种同文的日本人比大鼻子蓝眼睛还要狠，这才跟它正式闹掰。日本欲置中国于死地的种种做法是其政治家的短视。

---

① 中国同盟会简称同盟会，是由孙中山领导和组织的以海外中国人为主的一个全国性的革命政党。

同盟会横空出世

在日本成立的中国同盟会，也就是今天在台湾的中国国民党的直系祖先。同盟会成立后，推举孙中山为总理，总理不是政府的职务，而是国民党的最高领袖。孙中山去世后，国民党为了表示对他的尊重，最高领袖改称总裁，等蒋介石去世后，为了表示对他的尊重，最高领袖改称主席。所以国民党一说先总理肯定就是孙中山，先总裁肯定就是蒋介石。主席就多了，从蒋经国到李登辉、连战、吴伯雄、马英九。

同盟会以孙中山提出的"驱除鞑虏，恢复中华，创立民国，平均地权"为政治纲领。《民报》为机关刊物。这标志着中国成立了第一个全国性的统一的资产阶级革命政党。孙中山把同盟会的政治纲领阐发为民族、民权、民生三大主义，简称"三民主义"。这个顺序不能颠倒。国民政府时期中国的国歌头几句就是"三民主义，吾党所宗，以建民国，以进大同"。

"驱除鞑虏、恢复中华"就是民族主义。鞑虏指的是清朝，就是要推翻清朝统治，虽然没有明确反帝，但推翻清朝的统治，自然也就打击了帝国主义。"驱除鞑虏，恢复中华"最早是朱元璋提出来的，朱元璋在北伐的布告里说："驱除胡虏，恢复中华，立纲陈纪，救济斯民。"也是16个字。孙中山把前八个字基本照搬，后两句给改了，水平就高了。

"创立民国"，即民权主义。就是要推翻帝制，建立资产阶级共和国，民权主义是三民主义的核心。推翻了清朝之后要建立一个什么样的国家？共和国！绝不能让帝制在中国大地上再次出现，这个共和国叫"中华民国"。

"平均地权"是民生主义。中国最多的老百姓是农民，民生问题首先就要解决农民生计问题，让他们有土地可种。所以三民主义主张核定地价，涨价归公。给地主的土地定价，比如1亩地10块大洋，100亩地就是1000块大洋。

随着经济发展的需要，房地产增值，土地值钱了，1亩地涨到了100块大洋，你卖100亩地应该是10 000块大洋，但是自己只能得1000块，9000块归国家。国家拿了钱买地，然后分给农民。孙中山认为这个办法很好，国家不用花钱，地主能够保本，农民能够分到土地，是三全其美的事。

可地价是市场说了算，凭什么1亩地能卖100块我落10块？这个地我可以不卖，或者是我可以通过各种手段给你搅黄了。比如我想卖房，我的房是单位的房改房，当初花了2万块钱买的，70平方米，现在是1平方米1万，我应该卖70万，但是单位说了，我有优先权，我给你50万，你不能卖给别人。那我出租，一个月2000块，多租几年不就回来了？只要以私有的形式存在，农民的土地问题就解决不了。

孙中山的思想是中国文化的产物，他接受了科学的训练，以欧美学说来充实自己的理论，使它系统化、具体化。孙中山在《同盟会宣言》中说明实行三民主义的步骤分为军政、训政、宪政（军法、约法、宪法）三个时期。军政是破坏时期，注重民族革命；训政是过渡时期，建设自治，促进民权，注重政治革命；宪政建设之首在民生，注重社会革命，三种革命代替欧美社会演进的三种过程[①]。

刘郎死去霸图空

跟资产阶级改良派一个劲给皇帝上书，要求变法不同，革命党人直接武装反抗。康有为说的那些东西在今天一看似乎都很有道理，当时的中国为什么不能搞民主？康有为认为当时中国人文化程度低，如果照搬西方民主那一套就打

[①] 孙中山认为，欧美社会演进分为三种，民族革命、政治革命、社会革命，三者代表欧美社会的三种演进过程。

建立同盟会

起来了。可印度文盲比中国多多了，从1947年独立到现在12次全国大选，没有一次乱套。民主与文化程度的关系并非如康有为说的那般简单对应。革命的理念已经在很多人心里生根，特别是在留学生中。各地大小起事不断。

毕业于日本士官学校的学生革命家吴禄贞，回国后在湖北的新军①中服役。利用职务之便，他在陆军中安插了几位同志，在士兵中搞宣传鼓动工作。他和几位向往革命的朋友在湖北省各地方的学校里举行集会，宣传革命，并散发激进的刊物和传单。他们组建了一个欣欣向荣的组织，取名为科学补习所，冒充学术团体。他们收到消息，黄兴计划在1904年秋发动起义，于是他们就在湖北作了安排以配合黄兴在湖南的行动。这是个雄心勃勃的计划，同时在湖南的六个城市起事，还希望能在湖北、四川、江西、南京和上海得到响应。起义的时间定在慈禧太后的70岁生日，即1904年11月16日。但清廷的耳目侦破了这一密谋，迅即予以扑灭。

1906年12月，同盟会会员刘道一发动了萍浏醴起义。刘道一，字炳生，号锄非。湖南衡山人，1884年出生，早年曾就读于湘潭美国教会学校，通晓英语，后随兄刘揆一参加革命。1904年加入华兴会，联络会党，准备起事。起事失败，流亡日本，与秋瑾等在东京组织十人团。次年加入同盟会，任书记、干事。1906年，刘道一领导发动萍浏醴起义，义军的主要活动范围在江西省的萍乡、湖南省的浏阳、醴陵等地区。此次起义一度达到上万人的规模，但还是被清军镇压了下去。1906年12月，起义失败，刘道一在长沙被捕。审讯的时候，刘怒斥说："士可杀而不可辱，死则死尔。"12月31日，被清政府杀害于长沙浏阳门外，年仅22岁。刘道一所领导的萍浏醴起义，是同盟会成立后的第一次

---

① 新军全称"新建陆军"，是清朝政府于甲午战争之后编练的新式陆军。这支军队的特色是完全使用西式的军制、训练以及装备，是清朝最后一支有战斗力的正规军。

大规模起义。它的影响力虽然不能与武昌起义相比，但是，正是十数次反清起义的星星之火，形成了后来的燎原全国之势！当时的同盟会主要领导人孙中山和黄兴都很重视这次起义，对刘道一的英勇就义，感到惋惜和悲痛！纷纷写挽诗悼念刘道一。孙中山写的七律云：

半壁东南三楚雄，刘郎死去霸图空。

尚余遗业艰难甚，谁与斯人慷慨同。

塞上秋风悲战马，神州落日泣哀鸿。

几时痛饮黄龙酒，横揽江流一奠公。

看来，革命领袖孙中山除了极具政治韬略外，文采也是极佳的。这首诗算得上是孙中山诗作之中的上品，可惜流传不广，也许因为这只是一首挽诗的缘故。诗的一开头就气势不凡："半壁东南三楚雄，刘郎死去霸图空。"有一种气吞山河之势，英雄壮志未酬之憾。紧接着的两句："尚余遗业艰难甚，谁与斯人慷慨同。"对于革命事业的坚定，对于顿失战友的惋惜之情，跃然纸上。最为点睛的是五六句："塞上秋风悲战马，神州落日泣哀鸿。"把挽诗的特点发挥到了极致！对仗之工整，寓意之深远，堪称挽诗中的绝句！最后两句更是写得异军突起，壮志凌云："几时痛饮黄龙酒，横揽江流一奠公。"以岳武穆的豪情自勉，"直捣黄龙，与诸君痛饮耳"。孙中山誓要推翻腐朽的清朝，实现烈士的遗愿！

鉴湖女侠慷慨志

刘道一之后，各地起义风起云涌，如秋瑾、徐锡麟领导的浙皖起义，孙中山、黄兴的镇南关起义和广州黄花岗起义。秋瑾乃一代巾帼，30多岁东渡日本留学，参加革命。她手里随时拿着把肋差，就是日本武士剖腹用的短刀，时时提醒自己以死明志。留日学生的革命活动，让清政府惊恐不安。清政府请求日本政府，限制爱国学生的活动。秋瑾带领留日学生罢课，并组织敢死队去公使馆交涉。秋瑾回国前发表演说，有人散布妥协论调时，秋瑾就从靴筒里拔出短刀，插在台上，以手指刀：如有人回到祖国投降清廷，吃我一刀。

秋瑾的诗满是大丈夫之气："不惜千金买宝刀，貂裘换酒也堪豪"，"休言女子非英物，夜夜龙泉壁上鸣"。秋瑾其人也是充满豪情，起义失败后，秋瑾明知自己要被捕，仍然拒绝离开绍兴，遣散众人留守学堂，后被清军包围。被捕后，坚贞不屈，临行之前写下"秋风秋雨愁煞人"七个大字，慷慨殉节。1912年12月9日，孙中山致祭秋瑾墓，撰挽联："江户矢丹忱，重君首赞同盟会；轩亭洒碧血，愧我今招侠女魂"。

秋瑾自称"鉴湖女侠"，人说虎父无犬子，秋瑾的闺女跟她妈一样牛，牛到什么程度呢？秋瑾的闺女长大之后就找杀她妈的凶手，要把那人给干掉。那个人是浙江绍兴知府贵福，满人。秋瑾的女儿在民国建立后，一直找贵福算账。贵福隐姓埋名，躲了20多年，最后到了东北，东北当时已经是伪满洲国了，但秋瑾的闺女还是到东北手刃仇人，给母亲报了仇。

一介书生徐锡麟，开枪刺杀安徽巡抚恩铭。如此举动让清朝官员十分费解，巡抚与他私交不错，待他很好。徐锡麟说他跟我好是私谊，我报的是国仇，最后徐锡麟被剖腹挖心而死。

在革命敢死队零星尝试和幸免一死后，革命领袖四散逃命。这时，黄兴等人考虑另图良策来实现中国革命。革命党人发动的起义，前十次都失败了。他们属于典型的精英革命，流的是精英的血，起义参加者太少，多数是留学生、华侨和会党。华侨捐钱，提供财力支持。会党就是黑社会，港台黑社会历史悠久，多是天地会的分支。孙中山认为毕竟这帮人标榜反清复明，而且跟朝廷不和，讲义气，所以孙中山重用会党。他本人都加入过红帮，蒋介石加入过青帮。这些起义有点类似于今天的"斩首战"。直接进攻对方的军政首脑机关，干掉对方的军政首脑，是很时髦的战法。问题是今天的"斩首战"，或者用导

奇女子秋瑾

弹，或者派特种兵。而孙中山手下这帮人既没有导弹，也不是特种兵。他们凭借的是一腔气血，满腔热情，但缺乏缜密的筹划和必要的军事训练，这就注定了起义的失败。革命并非取几颗首级就能成功。

革命党人的起义虽然失败了，但影响深远，震动全国。黄兴将军在广州黄花岗起义失败后流亡香港，异常悲愤，给七十二烈士[①]题写挽联：七十二健儿酣战春云湛碧血，四百兆国子愁看秋雨湿黄花。黄花岗起义，七十二健儿唤醒四百兆国子。孙中山在《黄花岗烈士事略序》中说："吾党菁华付之一炬，其损失可谓大矣！然是役也，碧血横飞，浩气四塞，草木为之含悲，风云因而变色。全国久蛰之人心，乃大兴奋。怨愤所积，如怒涛排壑，不可遏抑，不半载而武昌之革命以成。则斯役之价值，直可惊天地，泣鬼神，与武昌革命之役并寿。"半年后，武昌起义成功。

03. 风雨飘摇中的清廷

亡羊始补牢

由于清王朝在义和团运动和八国联军侵华战争中几乎垮台，慈禧太后和光绪帝仓皇逃离北京。清廷的腐朽到了积重难返的地步，逃出京城的慈禧一行，睡土炕，吃粗粮。有时候一日三餐都无法保证，要向老百姓乞求玉米充饥，咀嚼秸秆解渴。这群人一旦逃离出去，到了太原，就忘记伤痛，享用祖宗当年的行宫，令各省解送钱粮供其挥霍。到西安之后，更加铺张。第二年返回北京，大修道路、宫殿、驿站，搜刮私财，各省孝敬慈禧的奇珍异宝数

[①] 广州起义实际牺牲者不止72人，该人数是指收尸后葬在黄花岗烈士墓的人数。

不胜数。

为了继续维持自己的统治，慈禧太后在逃亡西安期间，不得不做些反省的样子，光绪发布"罪己诏"和改革谕旨，要求官员们就改革之事限期奏报。对于清政府的若干新政措施，没人抱有希望。1901年4月，清政府成立督办政务处，作为规划新政的机构，逐步推出各项新政。内容涵盖政治、军事、文教、经济和社会等几个领域。

在政治上，清政府撤销总理衙门，改设外务部，位列六部之首。新设商部（后与工部合并，改为农工商部）、练兵处（后与兵部合并，改为陆军部），1905年增设巡警部（后改为民政部）、学部。裁撤冗衙，裁汰胥吏差役。

1895年中国的战败，使清朝清醒地认识到非常需要训练有素和具有西方装备的军队。继李鸿章之后统率北洋军队的袁世凯在华北着手组织一支"新建陆军"，张之洞也在长江地区组织了他的"自强军"。两支军队都是西洋式的。清政府在军事上的改革是停止武举，命各省筹建武备学堂，其毕业生可任命为新军军官。裁汰绿营，编练新军。

学制上的改革，即停止科举。清政府下令从1906年起停止一切科举考试，并在当年12月设立学部，设学堂。早在1902年，清政府将各省、府、州、县的书院改设为大、中、小学堂，颁布《钦定学堂章程》。1904年重订学堂章程，以日本教育为模式，奖励游学。选派学生出国留学，毕业后分别赏给进士、举人出身，自费留学生也一样。科举这一持续了约有1300年之久的制度完全被废除，确实是一件划时代的大事。此后，新式学堂的毕业生在政府中占有重要的职位，代替了传统的有功名的人，而且在国外高等学校水平以上学校毕业的学生也有资格取得进士或举人的功名。清政府颁布了第一个系统完备并付诸实施的法定学制，教育从横向分，包括普通教育、师范教育和实业教育；从纵向看，把整个学制分为初等教育、中等教育和高等教育三个阶段。西学课程有文学、算术、历史、地理、物理、化学、图画、体操、外语、法制，中学有《四书》、《五经》，学制改革还是有积极作用的。

清政府鼓励工商业发展，制定和完善经济方面的法律。商部成立后，陆续公布了《商律》、《公司注册试办章程》、《商会简明章程》、《奖励公司章程》、《矿物章程》、《试办银行章程》等法律法规，奖励实业。

新政还包括废陋习，禁缠足、禁鸦片、废酷刑、允许满汉通婚。

新政促进了中国民族资本主义的进一步发展，资产阶级力量进一步壮大。西方思想得到进一步传播，近代化教育得到很大发展，是一场缺乏民族资产阶级领导和积极参加的具有资本主义性质的自上而下的改革运动。但增加了人民的负担，使中国劳苦大众生活更加贫困，社会矛盾更加尖锐。为了实行新政，清政府必须想方设法筹集经费，不得不向下摊派，这是清末新政经费的最主要来源。

假立宪，真集权

为了应付国内严重的危机，清政府决定立宪。当时世界大国里实行专制的只有中国和俄国。1905年的日俄战争，日本大败俄国，给清朝统治集团中一些当权者打了一针强心剂。直隶总督袁世凯、湖广总督张之洞上书朝廷，立宪国一定能战胜专制国，所以必须立宪。朝廷就派五位大臣去欧美、日本考察，考察期长达一年，细致深入，连动物园都考察了。北京动物园明显是西洋式的建筑，就是当年考察后的产物。

那会儿真的是实打实的考察，五大臣回来以后跟朝廷说了搞立宪的三大好处："皇位永固"、"外患渐轻"、"内乱可弭"。但是镇国公载泽很清楚慈禧太后的心思，他会挠太后痒痒肉。太后最看重的就是手里的权力，如果君主立宪以后太后没权了怎么办？

所以载泽说中国人傻，搞立宪不能马上搞，需要时间训练他们，多少年呢？20年，预备立宪20年，老太后一琢磨我今年70岁了，再活20年的可能性不大，乾隆爷也没有活过90岁，所以老太后欣然允诺可以搞立宪，但需要20年预备期。后来减到了15年，12年，9年，实际上这时候孙中山都起义了，你马上立宪来不来得及还两说呢，你还敢来一个预备立宪，还得过这么多年才能立宪，缓不济急了。

1908年，清廷颁布了《钦定宪法大纲》。宪法一共23条，头14条是君上大权，后9条是臣民的义务。大纲由宪政编查馆参照1889年《日本帝国宪法》制定，删去了日本宪法中限制君权的有关条款，充分体现了"大权统于朝廷"的立法旨意。皇帝有权颁布法律，发交议案，召集及解散议会，设官制禄，黜陟百司，编订军制，统帅陆海军，宣战媾和及订立条约，宣告戒严，爵赏恩赦，总揽司法权及在紧急情况下发布代法律之诏令。并且"用人之权"、"国交之事"、"一切军事"，不付议院议决，皇帝皆可独专。另外，又以附则形式规定，臣民有纳税、当兵、遵守法律的义务。在法律允许的范围内，享有言论、著作、出版、集会、结社、担任公职等权利和自由。《钦定宪法大纲》确认了君主立宪制的政治改革方向，但由于君权强大，议院立法权和监督权非常有限，臣民的自由权利微不足道并缺乏有效保障。宪法第一条就是"大清皇帝统治大清帝国，万世一系，永永尊戴"。第二条是"君上神圣尊严，不可侵犯"。将君权神授的东西写入宪法，连推翻都不能。立宪派一直盼着朝廷立宪，结果还是君权至上，因此他们对朝廷特别失望。

1908年，光绪帝和慈禧太后相继归天，现在最新研究结论是被砒霜给毒死的，光绪之死曾是清宫四大疑案之一。这个问题拿脚指头都能想明白，皇上归天的时候38岁，太后73岁，哪那么巧啊，两人的死差了不到24小时。据说光绪自知不免，临终前他就见了慈禧一面，说我死了以后再立皇帝的话一定要立长君，挑近支王公里面岁数大的即位。结果他一死，太后下旨让两岁半的溥仪继承大统，由光绪的皇后垂帘听政。溥仪的父亲醇亲王载沣为摄政王。一个30多岁的妇道人家抱着一个两岁半的幼童治理堂堂4.5亿人口的浩大神州，简直是滑天下之大稽。

光绪帝的皇后成为继慈禧之后的又一位皇太后，按照慈禧遗命，监国摄政王必须在太后面前称臣，遇到大事必须向她请示。但隆裕太后并不满意，同摄政王之间矛盾重重。

1911年，朝廷裁撤军机处，设立责任内阁。同年5月8日，清政府在立宪派国会请愿运动的压力下，颁布《新订内阁官制》，实行责任内阁制，成立由13名国务大臣组成的新内阁。以庆亲王奕劻（宗室）为总理大臣，那桐（满）、徐世昌（汉）为协理大臣，下设外务部、学部、民政部、度支部、陆军部、海军部、法部、农工商部、邮传部、理藩部十部，以梁敦彦（汉）、善耆（宗室）、载泽（宗室）、唐景崇（汉）、荫昌（满）、载洵（宗室）、绍昌（宗室）、溥伦（宗室）、盛宣怀（汉）、寿耆（宗室）分任各部大臣。13人中，满洲贵族9人，汉族官僚仅4人，而满洲贵族中皇族又占7人。这是一个以皇族为中心组成的内阁，人们称之为皇族内阁。清政府根本无意实行君主立宪，只是借立宪之名集权皇族，抵制革命。

出任海军大臣的载洵是皇上的亲叔叔，当时只有25岁，清末内阁领导干部真是年轻化。这么一来，汉官离心，大清王朝可谓大势已去，就如同一间摇摇晃晃的破屋子，只要人在门框上踹一脚就塌了。其时，摄政王早已精疲力竭，多次向隆裕太后请辞，不再干预政事。这时候清王朝其实谁都得罪不起，却把能得罪的全得罪了。你搞新政人民不干了，你搞预备立宪，立宪派不干，你来皇族内阁，汉族官僚离心了，也不跟你玩儿了。剩下的那些满蒙贵族，整天提笼架鸟、票戏捧角，别的什么也干不了。所以武昌革命爆发，一不小心就成功了，随后迅速席卷全国。

一不小心革命成功了

武汉三镇是武昌、汉口、汉阳。起义为什么能在这里爆发？首先，武汉三镇很早沦为通商口岸，资本主义经济发达，资产阶级力量强大。其次，武汉有着很好的群众基础，而且有文学社、共进会这两个革命团体，深入湖北新军，宣传组织。新军完全按照西式的训练方法进行训练，教科书都是外文直接翻译过来的，所以新军招兵的时候不要文盲，没文化不行，得具备初小以上文化水平。军官大部分都是从日本陆军士官学校留学回来的，年纪轻轻二十五六岁就能当上旅长。

日本是同盟会的大本营，这帮人一到了日本，除了满蒙贵族以外，汉人一去，基本上都给同化了，他们回来出任新军的各级官员。朝廷练了这么一支军队，是要给自己保驾护航，没想到却给自己挖坟刨坑了。特别是湖北的新军第八镇，镇就是师，一镇就1万多人，三分之一是革命党。打响起义第一枪的新军第八镇的工程营400多人，300多号革命党，起义前的工程营基本上已经被革命党控制，前10次起义都不成功，参加者是人数不多的留学生、华侨、会党。这一次起义是谁干的啊？军队干的，在清廷军队内部，如此一来，等于清军哗变。

1911年10月10日，革命党人竟然在无人领导的状态下自行起义。按原定计划，革命党人打算13日给清廷致命一击，结果开完会回去做炸弹，做着做着炸药爆炸，惊动了当局。革命党人四散奔逃，但把名单留在了爆炸现场，所有革命党人都榜上有名，清廷照着名单逮人，没有逮到的都跑了。起义时间被泄露，起义眼看着即将流产。

于是新军自行起义，领导人是熊秉坤和金兆龙。熊秉坤是正目，相当于今天军队里的班长。新军的编制是镇、协、标、营、队、排、棚，镇就是师，协就是旅，标就是团，营就是营，队是连，排是排，棚就是班，一个棚正目1人，副目1人，正兵4人，副兵6人，一共12个。熊秉坤是一个班长，金兆龙是一个正兵，一个班长和一个一等兵就领着起义了，一不留神就成功了。而且起义的这帮领导人里面最大的是一个队官，就是连长了。所以成功之后他们傻了，这事怎么整的呢，还没有想到。

起义成功后湖北军政府成立，黎元洪任都督，国号"中华民国"。黎元洪是新军第21混成协协统，相当于旅长，混成协就是微型师，他的部队不够编成一个师，就编成一个混成协，步兵、炮兵、骑兵全都有了。

黎元洪本来不赞成革命，不赞成你也得赞成！因为我们这帮人最大的是连长，我们贴布告没人认得。黎元洪是湖北人，大家都认得，连黎协统都参加革命，证明这个革命有号召力。革命党人非常不自信，把血拼来的权力让给了黎元洪。

临时决定的武昌起义，极具戏剧性，革命军占领楚望台后，势如破竹，很快就拿下武昌、汉口、汉阳三镇，没想到起义成功了。更没有想到的是影响还这么大，武昌起义后各省响应，清朝统治土崩瓦解，怎么这么快朝廷就完蛋了呢？因为各省立宪派和旧官僚投机革命，控制了大部分地方政权。看着好像是15个省独立，好多都是立宪派和旧官僚投机革命，汉族官僚已经对朝廷彻底失望，我折腾半天最后你们还是想满蒙贵族集权，我汉族凭什么跟你玩儿啊，再说你已经玩儿不下去了。墙倒众人推，破鼓万人捶，所以这帮人摇身一变由巡抚改都督，就变成了民国的官，在大清当官，在民国还当官。十几个省都摆脱清朝统治宣布独立，"中华民国"的建立，提上了议事日程。

清廷着了袁世凯的道

武昌起义爆发后，帝国主义国家准备武装干涉，走狗死了主人也会伤心，帝国主义本打算阻止革命继续蔓延。但革命力量迅猛发展，使帝国主义看到，公开武装干涉难以达到目的，在严守中立的伪装下，他们决定扶植新的代理

武昌城首义

人——北洋军阀头子袁世凯。

狡猾的帝国主义看到清王朝大势已去，暗自打起算盘，瞅好了琢磨着别站错队，别跟这条船一块儿下沉。不过，这时候帝国主义即便想武装干涉，再组织八国联军的可能性已经没有了，此时已经是1911年，世界大战爆发前夕，同盟国、协约国剑拔弩张，擦出一点火星两大集团就能干起来。不像八国联军那会儿，协约国还没有呢，只有同盟国。两大帝国主义军事集团不可能携起手来镇压中国革命，所以就只能再找一个代理人，既然清朝不好使就找袁世凯，为什么找袁世凯呢？

袁世凯有兵，他是直隶总督兼北洋通商大臣，所以他的部队被称为北洋军。清朝灭亡前夕，全国编练新军，14个镇20万人，最精锐的就是袁世凯的北洋六镇8万人，装备精良，训练有素，袁世凯在清朝有太子太保的加衔，尊称袁宫保。每天早上北洋军出操，队官都站在前面，问全连官兵我们穿谁的衣服，谁给我们饭吃，扛谁的枪，给谁卖命，北洋官兵们齐声回答："袁宫保。"

有人跟老太后打小报告，北洋兵只知道有军令，不知道有圣旨；只知道有袁宫保，不知道有大清国，北洋军都成了袁世凯的私人武装，朝廷花钱，都是给袁世凯添置装备。于是袁世凯被调任军机大臣兼外务部尚书，明升暗降，其实是让袁世凯卸任了直隶总督，不再掌握军队。但是北洋六镇的军队全都是袁世凯一手训练提拔的，各级文官武将都是他的亲信部属。据说光绪皇帝曾留有遗诏，要杀掉袁世凯，载沣要给他哥报仇，也想除掉袁世凯。张之洞赶紧拦着，袁世凯一杀，北洋军该反了，朝廷只得恨恨作罢。不过你袁世凯不是小时候崴过一回脚吗？还没有好吧？回家养病吧，什么时候好了你再来。

就这样，袁世凯在家待了三年，朝廷的一举一动都难逃他的法眼。他们家设电报房，那可能是中国最忙的电报房。北洋六镇的长官全都是他的人，你换都没有办法换，你说你把师长换了，旅长是他的人，旅长换了，团长是他的人，你不能连班长都给他换了吧？除非这六镇解散重新招兵。武昌起义爆发，朝廷赶紧调北洋六镇南下镇压。六镇拒绝听命，闹饷，把军饷发了才开拔。太后把金盘子、金碗、金筷子、金尿盆化了八万两金子，给了北洋六镇。该开拔了吧？六镇磨磨蹭蹭，走两步退一步，下雨不走，刮风不走，太阳晒不走。指挥北洋六镇的大臣不干了，六镇只听袁世凯的。于是朝廷的圣旨到了袁世凯的老家，任命袁世凯为湖广总督节制六镇。袁世凯说我崴过脚还没有好呢，于是朝廷解散了皇族内阁，委任袁世凯为内阁总理大臣。就这样，袁世凯掌握了清朝大权。

北洋军果然不是吃素的，很快攻下汉口、汉阳，武昌也在咫尺之间。这时候袁世凯刹车喊停，他一面跟革命党炫耀武力，叫嚣武昌是我囊中之物，一面跟朝廷说，革命党太厉害，我伤亡惨重，没钱。太后发行爱国公债，从王爷贵族手里又募来600万两白银。跟大炮、毛瑟枪较量过的革命党同袁世凯商议，如果能使清帝退位，则推举袁世凯为民国大总统，"公为中国之拿破仑、华盛顿"。如此一来，双方停战谈判。

04. 该由谁来当总统

功成能身退

1911年，流亡海外的孙中山回到阔别16年的祖国，各省代表推举孙中山为中华民国临时大总统。1912年1月1日孙中山在南京就职，宣告"中华民国"成立，孙中山在总统誓词中说："倾覆满清专制政府，巩固'中华民国'，图谋民生幸福，此国民之公意，文实遵之。以忠于国，为众服务。至专制政府既倒，国内无变乱，民国卓立于世界，为列邦公认，斯时文当解临时大总统之职，谨以此誓于国民。"这是真正的革命家，革命不是为了我自己。所以在人类的近代历史上，古代专制时代就不用说了，民主时代诞生以来，真正伟大的政治家，屈指可数，少之又少。美国华盛顿将军、中国孙中山先生、法国戴高乐将军，功成不居。孙中山为人民服务到国家建立之后，就功成身退，这绝不是软弱妥协。

民国定五色旗为国旗，红、黄、蓝、白、黑象征汉、满、蒙、回、藏五族共和，定都南京，以"中华民国"纪元。

南京临时政府的性质是以资产阶级为主体的政府，为了争取帝国主义的支持，南京临时政府承认清政府与外国签订的一切不平等条约。为什么庚子赔款一直赔到1936年？因为民国政府承认这些条约。1928年国民政府定都南京之后，跟列强谈判改订新约，但是没有成功。这个条约不平等，不合理，可它合法，可以通过谈判来协商解决。你国力强大了，你跟它谈，包括中英问题，都是谈回来的。澳门、香港谈回来的，战很容易，但这是和平年代，不要动武，要和平。清政府当时是代表中国跟洋人签约，当今中国完全可以不承认那时候的不平等条约。

孙中山颁布了由参议院制定的《临时约法》，规定主权在民，国内各民族一律平等，实行责任内阁制[①]。国民有人身、居住、财产、言论、出版、结社、宗教信仰等自由。确立了行政、立法、司法三权分立的政治体制，三权之间监督、制衡。权力是要带来腐败的，绝对的不受限制的权力带来的是绝对的腐败，所以三权分立这种政治体制在当时是最好的。

---

① 内阁制政府是以向议会负责为特征的政体。

几家欢乐几家愁

中国人爱打架，窝里斗，搞责任内阁制之后的结果就是立法权和行政权分开。议会里占多数的政党领袖出任政府的总理。所以责任内阁制的国家一般相对比较稳定，你看英国的首相一干就是十几年，相对来讲比较稳定。当然日本是一个例外，首相来回地换，但是人家也没有乱，基本上都是自民党控制国会，只是自民党内不同的派系斗争。当然革命党这么做更主要是想限制袁世凯，你不是想当大总统吗？让你当，可你不掌握实权，实权在总理手里。革命派企图用《临时约法》限制袁世凯独裁，维护共和制度。这个想法太天真，袁世凯老奸巨猾，一纸约法对他无可奈何。本想当"华盛顿"的袁世凯，看着孙中山就任大总统，北洋军立刻给临时政府颜色看，让手下人在各地挑点战事。孙中山到前线视察官兵，革命军士兵衣衫褴褛，赤足草鞋，大冬天，南方的冬天阴雨绵绵，赤足草鞋，士兵们的脚肿得跟馒头似的，仗没法打。

南京临时政府成立之后，帝国主义对它进行军事威胁，外交孤立，经济封锁，以此帮助袁世凯。革命政权中的一些立宪派、旧官僚也进攻，巧妇难为无米之炊，孙中山被迫妥协。孙中山跟袁世凯表示："如清室实行退位，宣布共和，则临时政府决不食言，立即可正式宣布解职，以功以能，首推袁氏。"如果清帝退位的话，就把总统的位置让给你。孙中山为了防止袁世凯专权独裁，在辞职咨文中提出了三个条件——定都南京，袁世凯到南京任职，遵守《临时约法》和南京临时政府颁布的一切法令。对此，袁世凯都表示答应。

得到孙中山的保证后，袁世凯施加压力，北洋40多名将领上书朝廷，立定共和政体，否则大局不可收拾。然后袁世凯说民国政府优待清帝，皇帝仍能住在紫禁城内，保护私有财产，每年给400万两银子生活费，王府的东西全都保护，大清国的皇帝，照样可以选秀女、选太监。民国二年（1913年）隆裕太后驾崩，全国国丧，天安门用大白布蒙着，民国的各级文武官员都要去给太后守丧，一如清朝的时候。这优待条件哪儿找去，你还不退位，皇上那时候才6岁，什么都不知道。后来溥仪回忆，记得有个大胖子曾经跑到宫里见了太后，太后哭得眼睛红鼻子肿，大胖子也跪在那儿哭，没过多久，太后就下旨退位。

皇帝指定让我干

看退位的诏书，皇上说他为什么要退位？"今全国人民心理，多倾向共和，南中各省既倡议于前，北方诸将亦主张于后。人心所向，天命可知。予亦何忍因一姓之尊荣，拂兆民之好恶。是用外观大势，内审舆情，特率皇帝将统治权公诸全国，定为共和立宪国体。近慰海内厌乱望治之心，远协古圣天下为公之义。袁世凯前经资政院选举为总理大臣，当兹新旧代谢之际，宜有南北统一之方，即由袁世凯以全权组织临时共和政府，与民军协商统一办法"。

退位是人心所向，天命可知。所以我下遂人心，上承天命，不是我清朝怎么了，是天命已尽，所以我不干了。皇上多以大局为重啊，不能因"一姓之尊荣，拂兆民之好恶"。我为什么要退位？我天下为公，其实是革命党把他给推翻了，腐朽统治灭亡了。他不这么说，他要说天下为公。

后面那句话就更搞笑了："袁世凯前经资政院选举为总理大臣，当兹新旧代谢之际，宜有南北统一之方，即由袁世凯以全权组织临时共和政府，与民军协商统一办法。"皇上的退位诏书里说，我不干了，共和国建立了，共和国的领导人我指定袁世凯。退位诏书里说了袁世凯全权组织临时共和政府，是袁世凯把这句话给加上的，皇上当然不敢不同意，签字就完了。这个变成了什么意思啊？我这个大总统是谁让我干的？皇上，朝廷的恩典，所以我担任大总统，跟你孙中山没有关系，你别跟我来这套，我的法统来自于清帝禅让。要不然怎么说袁世凯是活曹操呢，虽然没有当皇上，皇上下旨我不干了，就跟汉献帝让给曹丕的感觉似的。

根据孙中山退位前提出的三个条件，南京政府派专使北上，迎接袁世凯到南京就职。袁世凯表面上盛情欢迎专使，暗中却指使其亲信部队在北京、天津、保定等地制造兵变。兵变第二天，唐绍仪①去访问袁世凯，正好碰上曹锟一身戎装，破门而入。曹锟向总统请安后，大剌剌地报告："昨晚奉大总统密令，兵变之事已经办妥矣。"袁世凯看曹锟已经说漏了嘴，恼羞成怒，骂道："胡说，滚出去！"孙中山玩不过老奸巨猾的袁世凯，被迫再次退让，同意袁世凯在北京就职。

1912年3月，袁世凯在北京就任临时大总统，辛亥革命的胜利果实被袁世凯篡夺了。辛亥革命的意义在于：

首先，推翻清王朝，给君主专制制度以致命的一击，结束2000多年的君主专制，建立了资产阶级共和国，人民获得了一些民主自由权利，民主共和观念深入人心。

其次，推翻了洋人的朝廷，打击了帝国主义。

再者，为民族资本主义发展创造了有利条件。

最后，对亚洲各国民主解放运动产生了影响。

05. 在讨逆声中凄怆逝去

准内阁总理被暗杀

担任民国大总统的袁世凯，破坏《临时约法》，控制内阁。随后加强北洋军，解散革命军。1912年，为了限制袁世凯的独裁统治，宋教仁将同盟会改组为国民党，希望通过国会选举重组内阁，不久，国会选举，国民党成为国会第

---

① 清末民初著名的政治活动家、外交家，中华民国政府首任内阁总理。

一大党，占了392席。另一重要集团是统一党，其支配人物是学者章炳麟。此外，还有人建立了一个听从梁启超领导的党——进步党。国会中这几个党派企图平衡同袁世凯的关系。

国民党为国会第一大党，就应该由宋教仁出任内阁总理，而这个内阁总理袁世凯是控制不了的，只对国会负责。袁世凯先去收买宋教仁，给了50万现大洋，折人民币得一个亿。给这么多钱，老宋你拿着花去，宋教仁不为所动。为了阻止国民党组阁，袁世凯派人刺杀了宋教仁。与此同时，袁世凯准备用武力消灭南方的国民党，他以中国的盐税、关税作抵押，同英法德日俄五国签订了2500万英镑的善后借款合同。

准内阁总理居然被暗杀，全国舆论哗然，警察是干什么吃的？袁世凯也装模作样，下令严查。警察不知道原因就调查，大总统让严办就严办吧，一严办很快就把凶手给抓住了。你想流氓有替上级扛事的吗？我们说真流氓假仗义，没有听说混黑社会的有情有义，哪有这人呀，有奶就是娘，有钱就是爹，都这么一帮人！凶手马上就说不是我干的，青帮头子指使我。警察就把青帮头子抓住了，又一个"仗义"的，这个人也说不是我干的。结果查到了国务总理赵秉钧头上，赵秉钧透露，有高层授意，那能是谁？大家心知肚明。当时，老百姓门口贴对联，上联是"袁世凯千古"，下联是"中华民国万岁"，对联你得对齐了，这明显是说袁世凯对不齐（起）"中华民国"嘛。孙中山、黄兴悲愤异常，掀起二次革命。

江西都督李烈钧在湖口誓师讨袁，但国民党力量涣散，很快革命被镇压，二次革命昙花一现，孙中山、黄兴被迫流亡日本。刚回国没有两年的孙中山，又开始流亡生涯。孙中山一辈子在国外待的时间跟在国内至少一半对一半，而且这次孙中山伤心到极点了，他遭到了亲手缔造的"中华民国"的通缉。

亲日？NO，我亲美

袁世凯得意洋洋，在他眼中，孙、黄除捣乱外再无别的本事，嘴皮子有什么用呀，我麾下十多万北洋军一动手你就得给我滚蛋，所以袁世凯准备大玩一把，称帝。袁世凯先强迫国会选举他为正式大总统，这种事太多了，屡见不鲜了，强奸民意。国会能选他吗？袁世凯心知肚明。国民党是国会第一大党，你把人家领袖赶到日本，全国通缉，人家能选你吗？怎么办？袁世凯在北京找了5000多个地痞流氓，以每天1块大洋的代价，组织公民请愿团，手拿西瓜刀、自行车链条、铁锹、墩布把，脑袋上绑个白布条，包围了国会。逼着国会议员选袁世凯为正式大总统。

民国的国会就在今天北京长椿街新华社院里面，议员们早上起来进去投票，到中午第一轮投票结束，一唱票袁世凯得票率没过半数，没有选上，国会就散会了。这时候公民请愿团拦住了议员，没选出大总统来吧，给我回去再选。"非将公民所属望的总统于今日选出，不许选举人出会场一步。"议员们没辙了，骂着娘回来再选，到晚上，袁世凯的得票率还是不够，有的议员都饿昏了，厕所都不让上。议员们要下班，请愿团冲进国会会场，殴打国会议员，警察在边上看着也不管，一个议员边上站着几个请愿团的人，我看你写谁。袁世凯的亲信梁士诒高价收买100余名议员组成的御用公民党更是积极拉票、活动。从早上8点到晚上10点，议员们忍饥挨饿，连续投票3次，最终703票中有507票赞成，选出袁世凯为正式大总统。"中华民国"的第一任大总统在闹剧中登场。

袁世凯在紫禁城太和殿举行了就任仪式。从选这个地儿就知道，这哥们儿狼子野心，昭然若揭。总统誓词短短十几个字："余誓以至诚执行大总统之职务，谨誓。"就这十几个字袁世凯换了四种调来读。先高声读"余"，然后小声读"誓已至诚"，再洪亮地喊出"执行大总统之职务"，最后读"谨誓"的时候，声音又小得听不见了。凡是对他不利的词，他都小声读。举头三尺有神灵，我发这个毒誓的话，万一过往神仙找我怎么办？

袁世凯做皇帝的愿望越来越强烈，为了解决军费和提高个人政治地位，民国三年（1914年）开始铸造有袁世凯头像的银元。任职后，袁世凯解散国民党，解散国会，废除《临时约法》，颁布《中华民国约法》，实际上就是"袁氏约法"。袁世凯规定"中华民国"总统一任10年，连选连任，美国总统一任是4年，不得超过两任，咱一任顶人家两任。后来袁世凯一琢磨10年组织一请愿团也够费钱的，我干脆来个终身大总统，我不死我就是总统，关于继任总统的人选，规定由现任总统提名3人，写于嘉禾金简，藏于金匮石屋，待总统死后取出，从中选定一人为总统。袁世凯死后，大家打开金匮石屋，见嘉禾金简上写着黎元洪、段祺瑞、徐世昌三人的名字。据后人透露，袁世凯是在几天前将自己的儿子袁克定的名字换成段祺瑞，因为他意识到不会有人推举和辅佐自己的儿子当总统，害得袁克定白做了一场黄粱美梦。

到这一步，袁世凯实际上跟皇帝一样，就此打住吧。没准儿打着民国的牌子还好点，他就是想不开。1915年日本人利用欧战爆发、列强无暇东顾之际，向中国提出"二十一条"。身为国家最高主政者的袁世凯，既不能接受，又不敢贸然拒绝，最终还是签订了"二十一条"。中国太大了，随时都是列强眼中的一道大餐，刀叉备好，上来就吃。有人把袁世凯登基和日本扶植联系起来。其实袁世凯是典型的亲英美派，汪精卫那是极个别的，没有人愿意做日本的走狗。因为美国跟日本谁腿粗这是拿脚指头都能想明白的，你干吗不抱粗腿抱细腿？再说美国在中国除了八国联军侵华跟着起哄一把，没有在中国开过一枪一炮，没有割占我土地，没有杀害我人民，在中国通商，给我们投资建厂，所以中国人对美国是非常友好的。近代一直到现在都有这么一个特殊现象，就是中国留学生留美亲美，留日仇日，去美国的回来都说美国好，去日本的回来都骂日本。美国少有民族、种族歧视，机会均等，所以袁世凯不会亲日，日本也不会真心支持袁世凯称帝。

我就是想称帝

民国初年，国内有一份销量很大的报纸叫《顺天时报》，袁世凯平时只看此报，这是袁世凯掌握舆情的一大途径。

1915年，袁世凯感到自己登基称帝的时机已经到来，因为最近的《顺天时报》篇篇都是劝袁尽早举行仪式，择吉日举行登基大典的文章。算命先生给袁世凯批过八字，同报纸上的声音不谋而合。无巧不成书，袁氏家族的守坟人来京，更是让袁世凯相信自己称帝的时候到了。不久前，袁家守坟人匆匆忙忙赶来京城，诚惶诚恐地向袁世凯报告：袁世凯的曾祖父坟侧，夜间不时有红光出现，形同火炬，照耀方圆里许；祖坟旁边生出一株紫藤树，形状像盘龙，长逾丈许。守坟人描述得有模有样，还将一块泥土斑驳的石块送上，石块上刻着"天命攸归"四个大字，说是最近在袁氏祖茔中发现的。

袁世凯最相信《顺天时报》上的言论，再加上各种神神叨叨的暗示，更坚定了他要做皇帝的决心，于是袁世凯日夜忙碌着准备称帝。他首先向亲信透露：如果天下百姓一定要我做皇帝，我就做。袁世凯此言一出，那些随从们心领神会，立即组织"筹安会"①，宣扬君主立宪，策动请愿闹剧。于是乎，全国各地五花八门的请愿团纷纷出笼，上自王公遗老、政府官僚、各省将军、巡抚使，下至车夫游民，无所不包，样样俱全。北京的乞丐和八大胡同里的妓女，也被分别组织起来，成立乞丐请愿团、妓女请愿团，手持各色旗帜，大呼小叫着奔向街头，齐集新华门外，跪呈劝进

---

① 筹安会是民国初年为袁世凯复辟帝制制造舆论的政治团体。

表，请求袁世凯俯顺民意，尽快登基。你说你这皇帝是乞丐请愿当上的，那你岂不成丐帮帮主了？

称帝之前，袁世凯宣布召开国民代表大会，并推定参政院为国民代表大会总代表。召开代表大会的目的是为了解决国体。为了保险，袁世凯让各省的代表从布满武装士兵的将军署大门走到投票厅，先听将军、巡按使的代表痛诋共和、称颂君宪的演说，在杀气腾腾的监视人员监视下投票。各省国民代表共1993人，赞成君主立宪票正好1993张，没有1票反对，也没有1张废票。各省的推戴书上一致写着："恭戴今大总统袁世凯为中华帝国皇帝，并以国家最上完全主权奉之于皇帝，承天建极，传之万世。"参政院秘书长拿出准备好的推戴书当众朗读，要求袁世凯"俯顺舆情，登大宝而司牧群生，履至尊而经纶六合"。参政全体起立，一致通过。

当天中午，袁世凯接到推戴书，一看，全票通过？立即发回，要求再选一次。大家一看，皇上装孙子呢，再来一遍吧！下午5点，参政院再次开会，袁世凯的亲信提议说，既然全国上下一心，希望总统能够君临天下，众望所归，总统不愿意让民众失望，所以以总代表名义呈递第二次推戴书。秘书厅仅用15分钟就拟成2600多字的长文，参政院继续开会，大家对推戴书均无异议，于当晚就呈递给袁世凯。在这个推戴书里，称颂袁世凯有经武、匡国、开化、靖难、定乱、交邻六大"功烈"，请袁世凯称帝。

袁世凯似乎推辞不得，也发表了一番高论，大意是自己为了"救国救民"，只好当皇帝了。演出到此结束，谢谢大家配合！

1915年12月13日，袁世凯在中南海怀仁堂登基。他身着戎装，光着头顶，接受文武百官的朝贺，实现了他的梦想。

袁世凯复辟

讨逆声四起

袁世凯倒行逆施，举国一片倒袁之声。孙中山发表《讨袁宣言》，怒斥袁世凯。梁启超也发表《异哉所谓国体问题者》一文反对袁世凯称帝。梁启超是一贯鼓吹君主立宪的，撰文反对袁世凯称帝，可见梁启超也看出来袁世凯当皇帝立宪不了。

即便是袁世凯的长期追随者，也有人从故意拖延到公开反对。冯国璋、段祺瑞都是如此。段祺瑞是袁世凯北洋军中的元老，民国之后任陆军总长，但因与袁世凯政见不合，隐退还家。直到袁世凯不再坚持帝制，段祺瑞才肯出山。

云南是北洋军未驻防的省份。1915年，蔡锷、李烈钧等在云南组织护国军，通电讨袁。北洋军节节败退，一万多护国军兵分三路北伐，十多万北洋军观战。袁世凯手下的北洋三杰王士珍隐居，冯国璋南京待着，段祺瑞西山念佛，谁都不出来领兵。

袁世凯过着自己的皇帝日子，有一天，袁世凯的女儿让丫头给她买点五香酥蚕豆来吃，无意中发现包蚕豆的《顺天时报》与家里袁世凯每天必阅的《顺天时报》论调大为不同，就急忙找来同日的《顺天时报》查对，结果发现内容根本不一样。于是她拿那份真的《顺天时报》去给袁世凯看。袁世凯大吃一惊，然后找来大儿子袁克定，一问才知道，这些都是想当皇太子的袁克定搞的，他每天看的报纸是袁克定专为他一个人印的。袁世凯气愤至极，用皮鞭子把袁克定打了一顿，骂他欺父误国。其实，在袁世凯称帝前夕，看坟人来报"祖坟夜有红光、生盘龙紫藤树"的消息，也是急于当太子的袁克定一手导演的。袁世凯在内外交困下，气恼成疾，被迫宣布取消帝制，一共当了83天皇帝，帝制就取消了。但他还想赖在总统的位置上。

孙中山发表《第二次讨袁宣言》，指出"乃袁氏推翻民国，以一姓之尊而奴视五族，此所以认为公敌，义不反顾。今是非已大白于天下之人心，自宜猛厉进行，无遗一日纵敌之患，国贼既去，民国始可图安……袁氏未去，当与国民共任讨贼之事；袁氏既去，当与国民共荷监督之责，决不肯使谋危民国者复生于国内。"做了83天皇帝的袁世凯，因尿毒症引起肾衰竭而亡。护国运动在形式上取得了成功，民国的国号保住了，但此后各路军阀混战，中国俨然回到了五代十国时期。

06. "短暂的春天"

夹缝中谋发展

据相关资料显示："在1903年至1918年期间，主要的长江轮船航线由四个航运公司大致均分：它们是太古轮船公司、怡和洋行的怡和轮船公司、日清汽船会社和中国官办的招商局。新英格兰的船长和苏格兰的轮机长，在英国和中国的船队中占统治地位。为了避免价格战争，这些大轮船公司常常在内部商谈航运的价格。总的来说，英国和日本的航运业控制着海外和港口间的贸易，日本人在逐渐接近他们的对手（1910年海关记账和清算的总吨数中英国人占38%，日本人占21%，而1919年二者则分别占38%和29%）。资本主义国家几乎控制了中国主要的对外贸易。

"在汉口，英、法、俄、德、日几国租界沿长江延伸了几英里，这些微型的欧洲城市被沿江大道连在一起，在道路和人行道之间有优美的林荫大道。每个下午，外国的社交界聚集在赛马俱乐部喝茶，然后是打网球或高尔夫球。汉口有18孔的高尔夫球场，是亚洲最好的一个，有阳台的俱乐部房，内设游泳池、游戏室、衣帽存放柜和一间大茶室。还有一个著名的长酒吧间，在长江巡逻的外国炮舰的军官们常常光临此地。外国人在中国享有特权。"①

在帝国主义和封建政权的强压下，中国资本主义的发展很是艰辛。现代采煤工业和将近一半的棉纺织工业操在外国人手中。然而，辛亥革命推翻君主专制，为中国资本主义的发展扫除了障碍。一战中的欧洲国家放松对中国的经济侵略，群众性的反帝爱国斗争推动了民族资本主义的发展，特别是1915年因反对"二十一条"而掀起的抵制日货提倡国货运动。抵制运动为中国民族资本主义提供了市场。那会儿这么干是爱国，现在则是祸国殃民。抵制麦当劳，下岗的大妈大嫂、打工的贫困大学生，人家跟你拼了，那是给中国创造就业机会。实业救国和民主共和是当时的两大思潮，爱国心的驱使和利润的刺激使民族资产阶级投资新式工业。当时民族工商业发展迅速，一个重要原因是，资本家爱国，也能挣钱。电视剧《大染坊》里的主人公，开办染织厂，主要跟小日本竞争。他开染厂能挣钱，比土里刨食来钱快，既抵制了小日本经济侵略又能挣钱，这事何乐而不为？所以爱国心与经济利益的驱使，大大加快了民族资本主义的发展。

从1912年到1919年，发展最快的是纺织业、面粉业等轻工业，始终就只有轻工业发展最快。张謇成为民族工商业的楷模。著名的实业家还有周学熙和荣宗敬、荣德生兄弟。张謇甲午科状元，授官翰林院编修②，一进翰林院就等于这一辈子吃香的喝辣的了，翰林院为国家储才之地，像曾国藩、李鸿章这些人都是从翰林院出来的，进了翰林院几年就能升到个三四品，然后一二品就上去了。结果张謇干了100多天，回家做买卖去了。这是晚清最著

---

① 《剑桥中华民国史·下卷》，中国社会科学出版社，1994年1月。
② 翰林院是朝廷考议制度、详正文书、咨议政事的机构，翰林官的主要活动多为朝廷日常性工作。能够直接进入翰林院的，是科举进士名列前茅者。

名的状元实业家，中了状元不当官，自己做买卖，实业救国，而且他是晚清立宪派的首领。

土地情结很深重

这个时期中国民族工业的发展，只是处于"短暂的春天"，有很大的局限性，表现在它带有半殖民地半封建社会的特征。当然，民族企业中，重工业基础薄弱，没有形成独立完整的工业体系；民族资本与外国资本相比，力量十分薄弱。

尽管如此，辛亥革命期间，资产阶级虽然不是革命的直接参与者，却是革命的支持者，上海的商人就跟同盟会领袖建立了联系。在不同的城市，资产阶级的态度也有不同，有些地方，资产阶级比较活跃，有些地方，资产阶级则采取观望态度。

袁世凯同孙中山的冲突爆发后，资产阶级需要考量自身利益。他们必须小心翼翼，不敢公开表示亲近或敌视谁。动荡的局面让资产阶级变得短视。中国资产阶级从产生起，其革命性与妥协性总是相伴相生。

在中国，自给自足的自然经济仍然占绝对优势，一些资本家和地主在向近代工业投资的同时，不放弃土地或其他封建剥削。电视剧《橘子红了》里的老爷在城里面有买卖，乡下还有橘园一大片，如果卖了橘园，把钱投资在工业上不是更好吗？但他认为土地最保险，最起码，地价肯定是不断地涨，不可能有跌的时候。万一工厂经营不下去了，我就把工厂给卖了，绝对不会把地卖了。他就没想过战争一旦爆发了，土地没法背着跑，工厂的机械设备装船运走，到了大后方租几间房又能干起来。小日本一来，这地就全都没了，所以中国人的土地情结很要命。你看比尔·盖茨再有钱，不会说拿着去搞房地产。中国的民族资本发展不起来，"以末置财，以本守之"，造成了在发展中缺乏资金。

07. 新思潮在涌动

复古那一把火

帝国主义列强是不支持袁世凯称帝的，袁世凯印了日历送给各国使馆，日历上写的是中华帝国洪宪元年，人家都不要，人家就要民国五年的日历。尤其是日本最反对袁世凯称帝，因为日本认为袁世凯一称帝中国就统一了，中国统一对于日本是不利的，它希望中国闹哄哄的才好。中国政治上的混乱局面，迫使先进知识分子加快脚步寻找新的出路。资本主义经济短暂的发展，西方启蒙思想进一步被介绍到中国，辛亥革命后民主共和思想深入人心。为了抵制和对抗民主共和的理念，袁世凯掀起尊孔复古运动。

1913年后，袁世凯接连发布《尊孔令》、《祭孔令》，并组织了"中华民国"首次官祭孔子的活动。袁世凯并非粗人一个，他知道要把经过革命震动的旧秩序重新稳定下来，巩固独裁统治，单靠恐怖手段是不够的，还必须尽力使人们不再相信革命。他要与民主主义学说对抗，赶走这洪水猛兽，剔除社会动荡不安的思想根源。袁世凯处心积虑地要抑制时代潮流，他所使用的武器，便是经过他改良的孔孟之道。

袁世凯认为忠孝节义四者为中华民族的特性，为立国的精神，他还亲自跑到孔庙拜祭。据当时的记者报道，完全是旧时代帝王尊孔祭天的翻版。袁世凯从始至终，三跪九叩不敢有任何懈怠。借此机会，不少遗老遗少替袁世凯复辟帝制唱赞歌。袁世凯自己也就理直气壮地"顺天"而为。

袁世凯死后，黎元洪出任大总统，段祺瑞担任国务总理。黎叔是湖北人，参与了北洋水师对日的作战，曾多次去日本考察，后随张之洞回湖北，参与训练新军。当年黎元洪对革命万般仇恨，不断企图肃清附近的革命活动，杀害革命党人。武昌起义后，革命形势陡转直下，黎元洪躲了起来，最后还是被革命党人找到。革命党人正在物色一个蜚声中外的领袖人物做统领，黎元洪刚好就是他们要找的人选。

出于对革命成果的震惊和不合作就会被处决的胁迫，黎元洪担任了湖北都督，后来在南京政府中任职。黎元洪出任总统时，正当第一次世界大战爆发，美国要求中国参战。日、美两国都希望能够操纵中国参战而达到控制中国的目的，日本极力拉拢段祺瑞，美国支持黎元洪，国务院同总统府之间展开了一场旷日持久的府院之争。段祺瑞甚至通过张勋复辟帝制，以求达到自己掌权的目的。但是复古不过是一股逆流，挡不住革新的呼声，张勋复辟很快夭折。孙中山把国会和约法看作共和国的真谛，举起了护法运动[①]的大旗。

思想自由，兼容并包

中国自被西方列强打开大门后，就被动地经历着撞击带来的剧痛。海防时期，魏源开其端绪，徐继畬接受新知识之滥觞，提倡研究地理之学。洋务时期，学习西方的技术练兵为先，后期洋务论转而成为时务论。维新时期，革新从朝廷转向民间普遍宣传，人人都感觉有改革之必要。但治其标不治其本。三民主义，集中国文化和世界思潮之大成，对科学主义迎头赶上，对民族主张心理建设。新文化运动主张全盘西化，介绍西方文艺、哲学、经济，了解西方文化，却对中国社会认识不清。

民族资本主义发展，工业化更进一步，先学人家的什么？技术！结果甲午

[①] 护法运动指1917年–1918年，以孙中山为首的资产阶级革命党人为维护临时约法、恢复国会而联合西南军阀共同进行的反对北洋军阀独裁统治的斗争。

一战证明光学技术不好使，同样的洋枪快炮，同样的铁甲战船就是干不过小日本，于是开始学制度。学制度又有问题了，君主立宪也好，民主共和也好，这么好的制度怎么一拿到中国来就变样？君主立宪各国都搞，到中国弄出个预备立宪皇族内阁，搞共和。大总统来一个下一任总统由我指定。先进的中国人就开始琢磨，最该彻底改变的是中国人的思想。

1915年，陈独秀在上海创办《新青年》，标志着新文化运动的兴起。与袁世凯的复古思想相对立，西方民主、科学思想是新文化运动的指导思想。蔡元培先生任校长的北大是新文化运动的主要活动基地。

1898年创办的京师大学堂，维新变法后，慈禧太后没把它废除。1912年民国建立后，京师大学堂更名为国立北京大学。老师都是前清的举人、进士或翰林，上课主要教"学而优则仕"，学生读书的目的是将来出来做官。那时候的北京大学跟衙门差不多。北大有一个特别有名的教授，精通九国语言的辜鸿铭先生，他本身就是一个传奇。辜先生是出生在南洋的华侨，在西洋上学，太太是日本人，多年担任张之洞的幕僚，毕生效忠清廷，一直到民国都没剪过辫子。他自己讲：生在南洋，学在西洋，娶在东洋，仕在北洋。辜先生认为纳妾、缠足，都是中国的国粹。他见到英国人就拿英语骂，见到法国人拿法语骂，见到德国人就拿德语骂，北大一帮洋教授都被他骂得服服帖帖，成为北大一景。

后来蔡元培先生来到北大任校长，蔡元培先生前清中过进士，进过翰林院，也是最早加入同盟会的会员，可谓学贯中西。论旧学进翰林院四书五经倒背如流，论新学也不逊于人，更兼推翻清廷的革命元老。1912年南京临时政府一成立，蔡先生就是教育总长，"德智体美劳"就是他提出来的。蔡先生到了北大担任校长，要改造北大，提出思想自由，兼容并包，你讲什么都行，只要有人听，你就有课堂。青年学生是爱听尊孔尊皇呢，还是民主科学呢？显然是民主科学。这样一来北大就变成了新文化运动的主要基地。

北大在蔡元培任校长前，开校务会多半讲英语，预科教务会更是全部讲英语，不懂英语的中国教授像聋子一样坐在角落，痛苦万分。蔡元培先生到北大后，教务会发言一律改为国语。外国教授反对，蔡元培针锋相对地回答：假如我在贵国大学教书，是不是因为我是中国人，开会时你们就讲中文？从此，大会发言，一律说国语。蔡元培任校长期间的北京大学，可谓"思想自由，兼容并包"。

新文化运动提倡民主反对专制，提倡科学反对愚昧。新文化运动反对愚昧，愚昧是产生专制的唯一土壤，秦始皇以法为教，以吏为师，实行愚民政策，因为秦始皇懂得知识越多越反动。新文化运动提倡新道德反对旧道德。旧道德是指以孔子为代表的儒家传统道德，孔子真可怜，一会儿被人捧起来称为"大成至圣先师"，万世师表；一会儿被扔到地下，踏上一万脚，永世不得翻身。

"在中国思想史上，1898年和1919年通常被认为是与儒家文化价值观决裂的两个分水岭。1898年的改良运动，是一部分接近皇帝的高级知识分子在制度变革上的一次尝试。而以1919年五四运动为标志的彻底的'新文化'思想运动，也被看成是对传统道德和社会秩序的一种攻击。后一运动的领导来自中国新近现代化的大学和中学。除了反对帝国主义之外，它的目的是建立一种清除了过去中国封建遗留物的科学和民主的新文化。这一代中国知识分子已明显地从对传统价值核心的怀疑，转向对它的彻底否定。"[1]

请说大白话

新文化运动，提倡新文学反对旧文学，胡适发表了《文学改良刍议》，陈

---

[1] 引自《剑桥中华民国史·上卷》，中国社会科学出版社，1994年1月出版。

独秀发表了《文学革命论》。胡适提倡以白话文代替文言文。中国古代，文盲比较多，庶民好多读不了书，就是因为言文不一致，文化被少数人垄断。其实咱们老祖宗是非常聪明的，如果用白话文写东西，口语的变化是非常大的，后人可能就看不懂前人写的东西，文化的传承就断了。电视剧《最后的王爷》里说的很多都是老北京的土话，有些东西就听不懂了。所以老祖宗发明用文言文写文章，用白话作为日常交流用语，这样让文章千载流传下来，历朝历代都能看得明白。

朱元璋的圣旨就用大白话，充满当时的俚语俗言，而且非常口语化，读来饶有趣味。因为他没文化，或者他成心给老百姓写白话。下面这则圣旨，是朱元璋给户部下发的清查登记户口的指示："说与户部官知道，如今天下太平了也，只是户口不明白哩。教中书省置天下户口的勘合文簿户帖，你每（们）户部家出榜去，教那有司官将他所管的应有百姓，都教入官附名字，写着他家人口多少，写得真着，与那百姓一个户帖，上用半印勘合，都取勘来了。我这大军如今不出征了，都教去各州县里下着，绕地里去点户比勘合，比着的便是好百姓，比不着的，便拿来作军。比到其间，有司官吏隐瞒了的，将那有司官吏处斩。百姓每（们）自躲避了的，依律要了罪过，拿来作军。钦此。"这道有趣的圣旨，看来是朱元璋亲自写的。如果让身边的官员代拟，肯定是文绉绉的，不会如此直白。

这圣旨一念，老百姓都高兴了，这皇上跟我们说的话一样。古人写的那些笔记，也多是白话，道光召见大臣，正事说完了，跟皇帝聊天，聊了天后，把皇帝说的话给记下来：卿几刻进宫？家有几子？当未当差？就是咱们现在讲的上没上班。所以古人的言文不一致。

胡适先生认为言文应该一致，胡先生牛到什么程度？他本人是哲学博士，另外，一生获有35个荣誉博士学位。时间跨度从1935年（民国二十四年）至

倡导白话文

1959年。按学科分：法学24个，文学9个，人文学1个，不明学科1个；按国家和地区分：美国31个，加拿大2个，英国1个，香港1个。胡先生的博士学位有很多是名誉授予的，可是你要明白名誉博士要比你实际读下来的高，你都没有在我这儿念，我就给你一个博士，那就证明我认为你够格。剑桥大学授予金庸先生名誉博士，然后金庸还在那儿读博士，有人挺奇怪：你都是剑桥的名誉博士了，你还读什么？胡先生这么牛的一个人，他到北大去告诉大学生，我们要写白话文章，大学生们很反感。

民国时候的大学生相当厉害。那时候初中毕业就算知识分子了，小学毕业，在街上写书信测字，你就能养活自己。胡先生去大学讲写白话文，底下学生举手，这个白话文啰唆，拍电报费钱。电报刚传入中国的时候一个字一两银子，那会儿当然不至于那么贵，但肯定也不便宜，电报按字数收费。比如说胡先生你妈死了，用文言文拍四个字："母丧速归。"白话文多啰唆："胡先生你母亲不幸去世，赶紧赶回来吧。"胡适一听这个也不生气，微微一笑，说现在就这样，有人请你们出山去做官，而你不愿意去，你们用文言，我用白话，咱看谁短。这一帮学生开始用文言文起草，最长一个孩子写了40多个字，最短的孩子是8个字："才疏学浅，难堪大任。"胡先生的白话文只有5个字：我不干，谢谢。要是不讲礼貌的话，2个字就完了：不干。或者1个字：不！

人性本是复杂的，据说溥仪1921年在深宫安装第一部电话后，曾经给胡适打过一个电话，请胡适来宫里走走。胡适没过几天就去宫廷与溥仪会晤。胡适的这次出行，在社会上引起了轩然大波。很多人因此指责胡适作为新文化运动的代表，不应该去见废掉了的末代皇帝。而胡适则认为，他并不是见一位前朝皇帝，而只是见一个可怜的少年。事实上，胡适也免不了激动不已。在胡适见完溥仪的当晚，给溥仪的英文老师写过一封信："我不得不承认，我很为这次召见所感动，我竟能在末代皇帝，历代伟大君主的最后一位代表面前，占有一席之地。"很难想象胡适先生与兼具末代皇帝、可怜小青年双重身份的溥仪之间，会有怎样一番对白。

到1922年，北洋政府下令中小学教科书开始采用白话文，这造成了一个严重的后果就是，我们今天阅读古籍非常困难。新文化运动后期，布尔什维克主义胜利，李大钊同志第一次举起了社会主义的大旗，旧民主主义革命史就此结束，进入新民主主义革命时期。

这个历史
挺靠谱

第四章

说不尽恩怨情仇

（北伐战争和土地革命）

01. 在那希望之后

青年学生的愤怒

新民主主义革命的开端是五四运动。从国际上看，一战期间日美加紧侵略中国，中国反帝情绪高涨。进入帝国主义时代，帝国主义侵华的历史也是美日在华争霸的历史，美国和日本都想控制中国。其实最后美国成功了，1945年二战结束，美国完成了对中国的控制，当然4年以后这一切都完了。二战一结束，美国是抬中国压日本的，中国跟美国是盟国，二战一块儿打击过小日本，小日本在珍珠港祸害过人家，我们又没祸害人家。所以美国想让日本的工业停留在20世纪20年代的水平，让日本人民的生活水平不能高于遭它侵略的亚洲国家老百姓的生活水平。结果到1948年看到国民政府大势已去，所以这个政策逐渐作罢。1949年4月南京解放，5月美国就停止了对日本的制裁，再加上后来的朝鲜战争、越南战争爆发，小日本很快就缓过劲来。另外，俄国十月革命给中国指明了方向。

从国内背景看，军阀混战，人民苦不堪言。民族工业的发展使工人阶级队伍壮大。新文化运动的开展推动了人们的思想解放，促使先进分子尤其是青年学生爱国热情高涨。

在新民主主义革命时期，冲在最前面的都是青年学生，学生以拯救天下为己任，初生牛犊不怕虎，勇者无畏。也有一个人吃饱全家不饿的原因在里面。那到底是什么事把他们惹怒了，让他们上街游行呢？

只给希望，不给实惠

巴黎和会①是五四运动爆发的导火线。80年来中国第一次以战胜国的身份出席重要的国际会议，压抑了80年，第一次世界大战可算让我们当了一回战胜国。我们派了15万劳工去欧洲，本来想派军队参战，后来一想军队去了也是送死，干脆派劳工，在工厂里干活。但是我们作为一个战胜国，要求收回德国在山东特权的合理要求，竟然被断然否决。就好比说我现在一个月工资500元，吃饭都吃不饱，突然电视上说寒假后老师的工资一个月涨到12 000元，兴奋得我一寒假都没合眼。过完春节之后宣布，对不起没钱涨不了。我直接就送精神病医院了，弄不好就进八宝山。你要不给我这个希望，500块也凑合活了，还有300块的，咱认了。突然一下子你告诉我12 000块，然后又说不算，这不是坑人吗？欧美列强答应给我们战胜国待遇，到时候不给，学生就怒了。

1919年5月4日北京学生游行示威，高呼"外争主权，内惩国贼"、"废除二十一条"、"拒绝在和约上签字"等口号。军阀政府开始逮捕学生，学生闹事还不好办？学校开除你，你没办法了吧？你嚷嚷半天，逆反了半天，把你扔马路上你身上没有一分钱，你能干成个啥？所以学生的游行很快就被镇压了。

6月初，上海工人罢工，五四运动的中心由北京移到了上海，工人阶级登上政治舞台。这样一来，吓坏了政府。工人罢工可比学生罢课厉害，而且是长江流域，是在英美帝国主义的大本营上海。英美跟日本在争夺中国的问题上有矛盾，所以美国公使告诉美国外交官对五四运动的学生反抗要抱同情

---

① 1919年1月18日至6月28日，第一次世界大战的战胜国（协约国）和战败国（同盟国）在巴黎凡尔赛宫召开和平会议，史称"巴黎和会"。会议标榜建立和平，英国、法国、美国、日本、意大利等战胜国在会上分配战争赃物、重新瓜分世界。

的态度。英美对北洋政府施压，要求给学生一个说法，不然工人都罢工了。北洋政府亲近英美，一看，大哥说话了，马上下令释放被捕学生，不在和约上签字。

真正是为了救国救民

五四爱国运动外争主权、内惩国贼的目的全都达到了，五四运动堪称是中国近代史上一次成功且彻底的反帝反封建的革命运动。这次爱国运动以青年学生为先锋、工人阶级为主力军，李大钊、陈独秀领导。李大钊、陈独秀这两位，是中共的创始人，这两位相当于咱们中国的马克思和恩格斯。这两位先生论学问没得说，大学教授，论人品没得说，论经济地位，人家那日子好到你无法想象。北洋时候的教授牛到什么程度？就跟现在香港的教授似的，你看香港中文大学的教授都是自个儿开车去，有专用停车位，在香港你要没车，你可以领低保。老师一个半月的工资就买一辆汽车。你要敢把这车开上街，这绝对是你经济地位的象征，一升油10.6港元，香港堵车跟北京有得拼。闹市区停半个小时上百港元，楼底下买一个专用停车位，三年100万港元，比这个车子值钱得多。所以香港有钱的人也是坐地铁上下班，那地铁挤得跟北京也有一比。香港有车的，也就是周末开到深圳牛一下。你看那些教授自己开着车上班，大学里都有专用停车位，一般教授一个月20多万港元，还有各种补贴，都到这种程度。民国时候的教授就这样，李大钊是北大图书馆主任，一个月大洋150块，这只是他的一份钱，他还有好几份活儿啊。

陈独秀一个月的进项能到多少钱？300多块大洋！300多块大洋是什么概念？北京城里买一套三合院200块大洋，他两个月工资三套房，鱼翅席一桌10个人8块钱，燕窝席一桌10个人12块钱，他一个月工资光吃燕窝席能吃几十顿，你现在一个月挣12万元，你去吃燕翅席能吃几顿？张国立演的《我这一辈子》里面，1块大洋能雇两辆洋车，拉着老婆孩子岳母到酒楼里，一大桌子菜，又有酒，再给拉回去，就1块大洋。那时候当兵的一个月是6块半，大街上转圈的巡警是7块，骆驼祥子估计2块都到不了，警察局局长是40块，小学老师是80块，小学校长最少是120块大洋，私立的可能更高。大洋绝对是硬通货，北大的国宝季羡林先生，22岁大学一毕业，在济南教语文一周10节课还不当班主任，160块大洋。所以他1935年到1945年在德国留学了10年，没有公费全是自费。工作那么几年，挣的钱能在德国待10年，你现在工作1年也就能在德国待10天，买什么东西折成人民币都得乘以10。可想而知，那会儿的教授多有钱。

马克思是律师，夫人燕妮是伯爵小姐，恩格斯家拥有整个特里尔城莱茵河两岸的工厂，这些人去推翻旧的社会制度，显然不是为了改善自身的生活，真正是为了救国救民。

02. 一个"主义"

马克思主义到中国

马克思主义在中国传播并作为革命的武器并不容易。近代中国人，不断地找寻一条能够改变中国积贫积弱的道路。农民起义，地主士大夫自省，资产阶级改良或是革命，几乎所有的努力都已经尝试，在建立民国后，政局依旧没有好转。

中国思想界几乎陷入了全面的混乱。鲁迅先生说过，拿来主义，西洋的东西不分良莠，都视作救命稻草，拿来就用，是中国知识分子在探索中无计可施的选择。马克思主义这个外来的思想，如何得以在中国这块神奇的土地上被人信服，如何转换成斗争的武器？

十月革命①一声炮响，布尔什维克主义的胜利，似乎给探索中的中国人指明了一条新的出路。但实际上，"五四革命前后，在信仰马克思主义的人当中，只有12人是无产阶级。其余的所有人都受过教育，而且有些还出身于相当富裕的小资产阶级。在地理上他们分散在北京（围绕杰出人物陈独秀和李大钊所在的北京大学）、上海（围绕创立于1923年的观点激进的上海大学和陈独秀在1919年—1920年帮助创建的工会组织）、武汉三镇（围绕中华大学及其附属高级中学，李汉俊与恽代英在那里任教）、长沙（围绕毛泽东、蔡和森与其他人组建的新民学会）、广州（围绕陈公博、谭平山与其他人在其中任教的一些学院）、广东的海丰、陆丰（围绕彭湃的农会组织）、内蒙古（容易到达苏联和北京）、陕西的榆林（围绕由李大钊的学生如魏野畴执教的师范学校）、成都（围绕吴玉章和恽代英任教的高等师范学校），许多在日本、法国、俄国的中国留学生在那里受到了马克思主义影响。思想影响的源头主要是北京（通过广为流传的杂志《新青年》），再加上马克思和恩格斯、列宁和考茨基著作的日文译本，以及在法留学生同马克思主义者和马克思主义的接触"②。

对于马克思主义重要著作的翻译，是了解、学习、接受马克思主义的重要环节。中国第一次出现马克思之名是在1899年2月，《万国公报》刊载了由李提摩太译、中国教士蔡尔康撰的《大同学》，此文介绍了马克思与恩格斯。此后，两人的名字逐渐见于报端。

---

① 十月革命指1917年11月7日，俄国工农兵在以列宁为首的布尔什维克的领导下推翻资产阶级临时政府、建立了人类第一个无产阶级专政国家的革命。
② 《剑桥中华民国史·上卷》，中国社会科学出版社，1994年1月出版。

大体来说，五四运动之前，马克思主义理论主要译介者和传播者是资产阶级知识分子。他们出于不同的政治需要有选择地引入。十月革命后，陈独秀、李大钊等人系统地推出马克思主义的文章，推介、研究马克思主义，并以《新青年》为阵地。马克思主义的《雇佣劳动与资本》、《马克思的经济学说》、《马克思的唯物史观》等著作引起了人们的关注。

建党定任务

中国新旧民主革命目标一致，都是以反帝、反封建为目的，而最大的区别在于领导阶级不同。旧民主主义革命是资产阶级领导，新民主主义革命是无产阶级领导，无产阶级在五四运动期间登上历史舞台，他们需要有自己的政党，这就是中国共产党。

工人阶级队伍的壮大和工人运动的发展为中国共产党的成立奠定了阶级基础，各地中国共产主义小组的建立为中共成立作了组织上的准备。南有陈独秀，北有李大钊，这两位是中国共产党的创始人。

1921年，中国共产党第一次代表大会在上海召开。此前，1920年夏，在共产国际的帮助下，陈独秀在上海建立了中国第一个共产主义小组。随后，共产主义小组在全国各地和在海外的法国、日本留学生中，如雨后春笋一般纷纷地建立起来。当时全国共有53个党员；其中13个代表参加了会议。大会成立了中国共产党，通过了党纲。党纲在内容上，确定了党的名称及奋斗目标：用无产阶级军队推翻资产阶级政权，实现共产主义。

大会明确了党的中心任务：组织工人阶级，领导工人运动。同时确定党的中央领导机构。中国共产党1949年能够取得胜利，靠的是先进阶级的领导和广泛的群众基础。中国革命要想成功，必须具备这两个最基本的条件，康有为和孙中山都是先进阶级的代表，资产阶级、无产阶级跟机器大工业相关联，相对于传统阶级来讲，都是先进阶级，但资产阶级缺乏广泛的群众基础。康有为的变法得到民族资产阶级、爱国知识分子、开明地主的拥护，这些人在中国是极少数。孙中山搞革命，靠的是华侨、留学生、会党，武昌革命成功靠的是新军。越看越能明白，孙中山可能一生都没有得到过资产阶级真正的拥护，中国最厉害的资本家张謇，是拥护袁世凯的。所以民族资产阶级的革命和改革是先进阶级领导，但是没有群众基础。"太平天国"、义和团倒是拥有广泛的群众基础，但是没有先进阶级的领导，这更可怕。只有中国共产党，既代表了先进阶级又有广泛的群众基础，所以才能引领革命胜利。

中国共产党第一次代表大会完成了建党任务，提出推翻资产阶级，实现共产主义。但资产阶级在当时并不掌权，把推翻资产阶级作为自己的目标，说明共产党人对中国国情认识不清，只是照搬苏联的经验。中国共产党第二次代表大会改变了这种局面。

1922年的中共"二大"，12个代表代表了全国195个党员参加会议。大会确定了中国社会的性质和最高纲领。明确了革命的对象是帝国主义和封建军阀，不是资产阶级。党的最低革命纲领，即民主革命纲领，是打倒军阀，推翻帝国主义，统一中国为真正的民主共和国。而工人、农民、小资产阶级、民族资产阶级是民主革命的动力。

中国的国旗是五星红旗，五星红旗中间的那个大星星显然是中国共产党，那四个小星星代表工人、农民、小资产阶级、民族资产阶级。当初国旗的设计者曾联松正是取意于此。在中国共产党第二次代表大会中，民族资产阶级不但不是革命的对象，而且是革命的动力。

在这次会议中，中国共产党决定加入共产国际。1919年成立于莫斯科的共产国际，是世界共产党，各国共产党都是它的支部，它凌驾于各国共产党之上。

03. 合作，携手前进

你情我愿好开端

"二七"罢工后，中国共产党认识到，要想战胜敌人，自己单练不成，必须争取同盟，建立革命统一战线。孙中山领导的国民党同共产党有合作的基础，共产党愿意与其合作。

国民党在革命的政党里，有地盘、有军队、有政权。孙中山非常希望袁世凯死后的新一届政府恢复辛亥革命的象征——《临时约法》，没想到段祺瑞公开声称"一不要总统、二不要国会、三不要约法"，气焰较袁世凯有过之而无不及。

孙中山再举义旗，掀起护法运动，联合西南军阀对抗北洋军阀，结果很快失败。孙中山败走上海，随后南下广州。广州是孙中山的重要基地，也是当年革命洪流最为汹涌的地方。海军的两艘军舰宣布拥护孙中山，北京的100多名国民党籍议员也尾而随之。1917年的广州，不够法定人数的非常国会召开，选举孙中山为中华民国非常大总统。

从1921年开始，中国就存在两个政府，北京以五色旗为国旗，广州以青天白日满地红为国旗。政府虽然建立起来，但是孙中山面临着巨大的困难，他需要掀起生机勃勃的革命运动，需要有自己稳定的财政收入，需要有一支强大的能够支持革命且听命于自己的军队。作为国民党领袖的孙中山，革命总是没完没了地失败，孙中山痛定思痛，深感国民党已经丧失了当年革命的勇气。眼瞅着辛亥革命胜利10年，建党17年的国民党，党员们做了官，买了房子，娶了姨太太，生活安逸，也开始安于现状。国民党急需改组，补充新鲜血液，吸收年轻、朝气蓬勃的人。孙中山看中了共产党——彻底革命的政党。

共产国际也希望能够在中国开展共产主义运动，他们希望国民党能够支持工人运动，能够吸引民众参加反对军阀和外国帝国主义的斗争。共产国际指示中共要同国民党合作。就这样，因缘具足，时机成熟，共产国际做媒，从中撮合，国共两党有了合作的基础与意向。

彼此融合共开拓

万事俱备，只欠东风。1923年，中国共产党在广州召开了"三大"，决定同孙中山的国民党合作，建立革命统一战线。共产党员采取以个人身份加入国民党的方式，帮助国民党改组为四个革命阶级联盟的政党。

共产党人的双重党籍，当两党目标一致时很好共处，一旦两党分裂，对革命领导权的问题就凸显出来。未成年的共产党，早期容易犯下"左"倾或右倾的错误，新民主主义革命是由无产阶级领导完成的资产阶级民主革命，放弃领导权就是右倾；照搬外国经验，扩大了革命的对象就是"左"倾。无产阶级同资产阶级的关系，是同盟军。资产阶级既不是领导，也不是敌人。反对帝国主义和封建主义这个资产阶级民主革命的任务，本该由资产阶级领导完成，只是中国的资产阶级软弱、妥协，它完成不了，所以只能由无产阶级来领导。

作为国共合作另一方的中国国民党，也表现出了应有的姿态。1924年，国民党第一次代表大会召开，会议的重点是改组国民党。国民党本是松散的欧美式政党，1905年成立到国共合作前，刚刚召开"一大"。是共产党告诉它，得把党员给凝聚起来。国民党组织形式向共产党靠拢。国民党"一大"通过了国民党全国代表大会宣言，接受了中共反帝反封建的主张，把旧三民主义发展为新三民主义，确立联俄、联共、扶助农工三大政策。

黄埔军校多雄才

国民党"一大"标志着国共两党合作的实现和革命统一战线的正式建

立。革命要用暴力手段，暴力就得有自己的军队。孙中山当年外号叫孙大炮，他不像康梁那样一再给皇帝上书。孙中山明白：想要朝廷听话就得推翻它。暴力革命需要有自己的军队，不能像武昌起义靠新军，护国运动靠西南军阀那样。

1924年，在中国共产党和苏联共产党的帮助下，国民党在黄埔建立陆军军官学校。正式名称叫中国国民党陆军军官学校。在黄埔的三年属于速成班，一共开办了六期，半年一期。1927年迁往南京，改名叫"中央陆军军官学校"，这是一所正式的军官学校，学制三年。孙中山在黄埔军校6月16日的开学典礼上，亲临讲话，勉励学生："从今天起，立一个志愿，一生一世，都不存升官发财的心理，只知道做救国救民的事业。"

蒋介石非常看重黄埔，他在就任黄埔军校校长之前，已经是中将军衔，粤军的参谋长，国民党的军队主要就是广东的粤军。黄埔军校校长编制是少将军衔，但是蒋介石宁可降级到黄埔军校当校长，因为他看得出来这是培养人才的地方。后来国民党的高级将领很多都是黄埔出身，跟蒋介石有师生之谊。

黄埔军校把政治教育和军事训练放到了同等重要的地位，注重培养学生们的爱国精神和革命精神。黄埔军校不但要教会学生放枪，还让学生知道枪朝什么人放。当年的黄埔军校门口有一副对联：升官发财请走他路，贪生怕死莫入此门。横批"革命者来"。校训为"亲爱精诚"。黄埔声威赫赫，从东三省、内蒙古赶来报考的学生比比皆是，那会儿到广州，有的得走一年才能到。所以，到黄埔的都是热血青年，他们在战场上非常勇敢，以一当十，以十当百，黄埔军校为国民革命军培养了不少人才。国民党的高级将领很多都出身于黄埔。共产党的十大元帅和十大将里面有好几个出身黄埔。就这样，两党合作，建立起革命武装，轰轰烈烈的大革命展开了。

04. 北伐，酣战一场

罢工时间破纪录

袁世凯死后北洋军阀分裂为直、皖、奉三派，北洋诸将一个个粉墨登场，三派军阀一直混战不止，中华战火不断。直系以冯国璋为首领，冯国璋死后，曹锟、吴佩孚担任首领，主要地盘有直隶、江苏、江西、湖北四省。皖系首领段祺瑞，掌握了安徽、山东、浙江、福建等省的地盘。奉系首领张作霖，盘踞东北。

直系、皖系属北洋的嫡系，奉系是杂牌军，张作霖原是土匪招安而来。皖系段祺瑞一直控制着北京政府，1920年直皖军阀黑吃黑，直系吃下皖系，段祺瑞下野，皖系军阀从此淡出了中国的历史舞台。两年后，直奉开始斗，第一次直奉战争，奉系战败，直系坐稳了自己的位置。1924年，奉系军阀卷土重来，第二次直奉战争爆发，由于直系将领冯玉祥倒戈，奉系控制北京。

冯玉祥原是直系军阀，中国近代史上有名的倒戈将军，所以他的部下有样学样，好多也都背叛了他。冯玉祥堂堂的陆军上将，穿士兵的衣服，大棉袄、大棉裤，跟士兵一块儿吃饭。要是欠当兵的三个月粮饷，跟士兵一块儿啃萝卜管什么用？让当兵的吃饱穿暖就成。带兵的只要能打仗就行，不在乎穿成什么样。抗日战争期间，冯玉祥在重庆，国民政府给他配了餐具——英国的瓷器，但他非得用山东老家的粗瓷大碗。山东让日本人占着，专门派人去山东弄这个碗，为运这个碗还死了一个人，等碗运到重庆，运费早超出了英国瓷器的价钱。但人们都说，瞧冯玉祥将军多简朴，别人都用英国瓷，他用山东碗。

近代中国，有一次世界工人运动史上最长的罢工——省港大罢工。为世界之最，时长达16个月，完全可以申报吉尼斯世界纪录。这是为了支援上海人民五卅反帝爱国运动，广州和香港爆发的规模宏大的罢工。

五卅惨案后，中共中央派人到香港组织罢工。当游行队伍途经沙基路时，突然遭到沙基租界英法军警的机关枪扫射，当场打死50多人，重伤170多人，轻伤不计其数。

沙基惨案激起了中国人民的义愤，各界群众纷纷声讨帝国主义罪行，更多的工人加入罢工行列。到1925年6月底，省港罢工人数达25万。广州革命政府立即照会英、法等国提出抗议，并宣布同英国经济断交，同时封锁出海口。为了有效地领导罢工，中华全国总工会和中共广东区委发动罢工工人选出代表，组成省港罢工工人代表大会，作为罢工的最高议事机关。

工人运动为后来的北伐战争准备了群众基础。北伐战争的时候很多工人给北伐军送粮送水，提供支援。1925年，广东革命政府以黄埔学生军为主力，两次东征，全歼陈炯明叛军。不久，国民政府统一广东、广西，为国民革命军出师北伐奠定了基础。第一次东征以后国民政府在广州成立，汪精卫任主席，军队统一整编为国民革命军。国军就是国民革命军的简称，不是国民党军的简称。这样一来，有了地盘，后方巩固了，军队完成了整编，国民革命军8个军，十多万人完成了整编，就可以北伐了。

打倒两个军阀

1926年国民政府出师北伐，主要对象是吴佩孚、孙传芳、张作霖三个军阀。孙传芳为直系"后起之秀"，吴、孙、张一共是75万兵力。北伐军10万人，兵分三路，战斗力相当惊人。北伐军首占湖南，连克湖北的要地汀泗桥、贺胜桥，占领武昌，九省通衢的武汉，居全国之正中，水陆交通全得经过此地。就在两湖战场，吴佩孚的主力被消灭。吴佩孚逃到了四川，在军阀门下避难，直至20世纪30年代才回到北平。

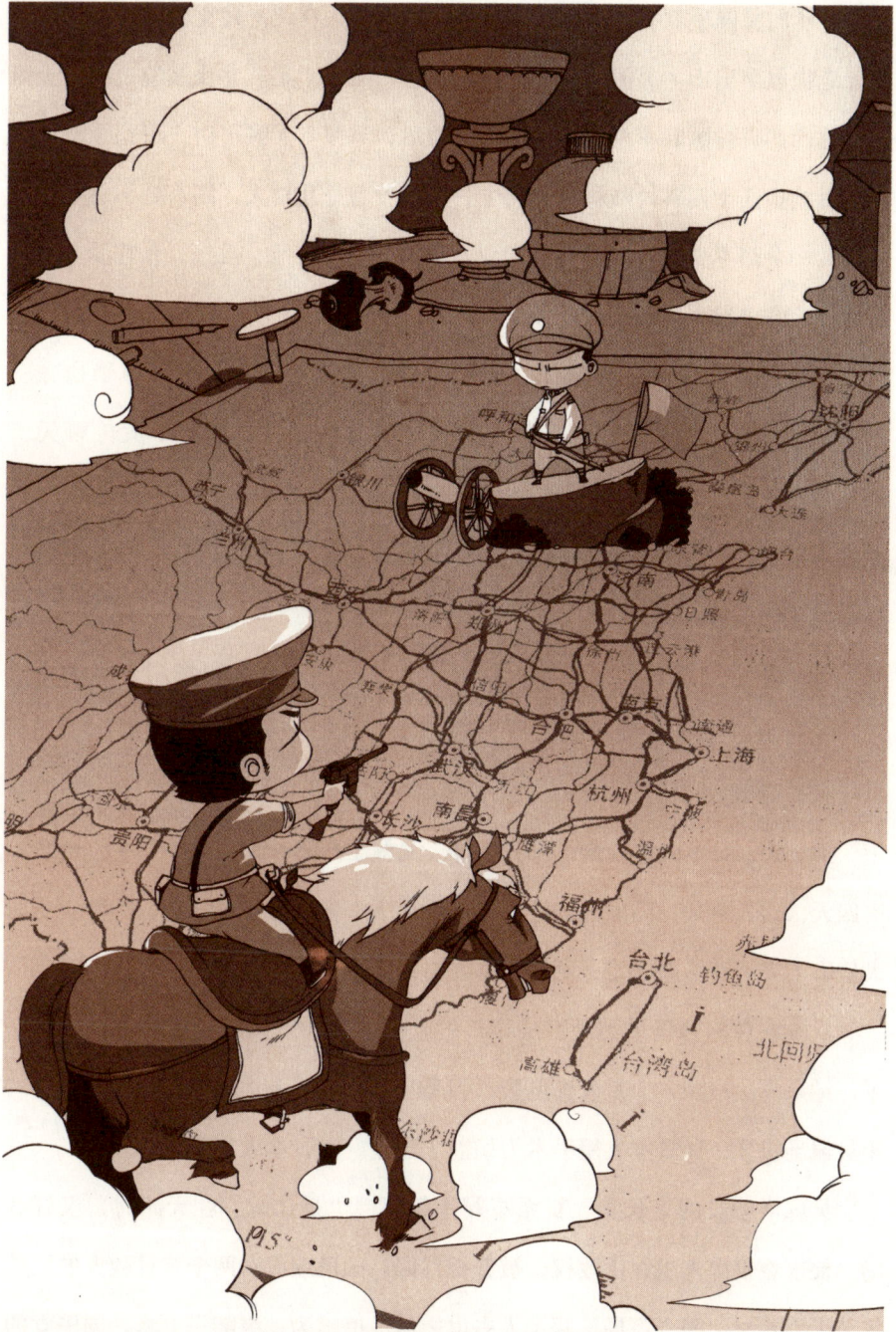

革命军北伐

晚年的吴佩孚颇有风骨，北平沦陷后，日本人在北平建立伪政权，想请军界元老吴佩孚出山。吴佩孚缺钱，又好面子，架子十足。北伐战争之前，吴佩孚自称十四省讨贼联军总司令，北伐失败后，吴佩孚无贼可讨，可司令部还留着，继续担任十四省讨贼联军总司令，家里养着好几百人，副官处、总务处、卫队，一个都不少。吴佩孚不置产业，也没房子、没地、没钱，靠着朋友、下属周济，穷得揭不开锅还死要面子。

日本人觉得吴佩孚好拉拢，北平特务机关长某大佐，给吴佩孚拉去一卡车银元，5万大洋。吴佩孚非常高兴，照单全收，陪着这个大佐聊天，跟大佐吹牛，一念咒能把飞机给弄下来。日本人听晕了，没来得及跟吴佩孚说来的目的，吴佩孚就送客了。小日本回去揣度，大帅觉得这5万不够，再给他拉5万去，豁出去，为了弄一个伪政权嘛。第二天，又给拉了5万大洋，吴佩孚更高兴，跟他聊：我查了一下我家家谱，跟你们日本天皇同宗，论辈分日本天皇该叫我大爷。把日本人气得够呛，还不敢发作。又聊了一天，送客。

第三天，日本大佐拉来了10万大洋，吴佩孚陪聊一天，大佐晕了，送客。第四天，这人再来，门房不让进，大帅发话了，他以上将军之尊，陪着小小的大佐聊了三天够给面子了，别给脸不要再来了。大佐回去剖腹自尽。

日本在各国列强里是最穷最小气的，能拿出20万大洋，棺材本都垫出来了，结果没法报账，于是大佐剖腹。但是小日本属于人生长恨型，记仇。1939年吴佩孚拔牙，让日本人用手术刀切断了气管，被日本人害死了。

吴佩孚昔日的老长官、直系军阀首领曹锟也是如此。在天津时，汉奸登门，要求曹锟出来组织伪政权，被曹锟骂回。国民政府对两个昔日敌人的民族气节大力嘉奖，明令褒扬，两个人去世之后，追赠为一级陆军上将。国民党的上将分三个级别，特级、一级、二级，特级上将只有蒋介石一个人，一级上将在大陆只有10个，还有5个人追赠一级上将，5个追赠的上将里就有北洋军阀曹锟和吴佩孚。

国民政府对待北洋往日的对手相当大度。北平沦陷前，段祺瑞70多岁高龄从北平来到南京，蒋介石亲自过江迎接。段祺瑞曾任保定军校[①]校长，蒋介石是保定军校的学生，蒋介石很恭敬地行弟子之礼，以芝老相称。

消灭吴佩孚后，北伐军挥师东进，孙传芳部在江西被歼灭。1927年国民政府从广州迁到了武汉。不到半年时间，北伐军从珠江流域打到长江流域，国民政府从偏居广东一隅到占领国土半壁。

三大军阀倒了两人，北伐基本胜利，汉口、九江人民收回英租界。这是工农群众支持的结果，也是将士英勇战斗的结果。尤其是共产党员，北伐战场上，担架抬下来的多是共产党员。最典型的是第四军的叶挺独立团，主要就是共产党员和共青团员，号称铁军。

05. 不好意思，请你出局

两政敌的共同选择

1926年底到1927年初，北伐战争胜利进军，席卷大半个中国，全国反帝爱国情绪不断高涨。上海工人三次武装起义的胜利和两湖农民运动的发展，进一步把国民革命推向高潮。共产党与国民党因为有了共同的敌人走到了一起。北伐即将胜利时，1927年4月12日，蒋介石在上海制造了"四一二"政变，在南

[①] 保定军校是中国近代史上第一所正规陆军军校，前身为清朝北洋速成武备学堂，北洋陆军的陆军速成学堂、陆军军官学堂。

京成立国民政府，与武汉汪精卫国民政府相对抗。

在大革命进行中，国民党右派不断企图同共产党决裂，蒋介石在1926年发动了"中山舰事件"①，制造"整理党务案"②，不断打击共产党人，始终不放弃清党。在国民党内，除了少数中间派，反对共产党的声音很多。

蒋介石南京国民政府跟汪精卫武汉国民政府，形同水火，互相宣布开除对方党籍。汪精卫是国民党元老，1910年只身前往北京，在什刹海银锭桥下埋炸弹，谋刺摄政王未遂，名满天下。当年的汪精卫很有革命性，抱定必死决心，孙中山去世，汪精卫起草遗嘱，以元老自居。蒋介石后来居上，掌握国民革命军总司令大权，不把一介书生放在眼里。蒋介石与汪精卫的关系，剑拔弩张。

共产党抓住这个机会，让汪精卫跟蒋介石对着干，没想到他们多年为了争夺最高权力明争暗斗，却在反共问题上达成了一致。冯玉祥从中牵线，汪精卫同意宁汉合流。1927年，汪精卫在武汉同共产党决裂，第一次国共合作破裂。

06. 战略大转移

摸索一套新战法

大革命失败后，国共两党合作破裂，开始了长达10年的对峙。

在对抗与对峙期，中国共产党探索出了一条农村包围城市之路，由幼稚走

---

① 1926年3月20日，开始执行反共政策的蒋介石，设计将中山舰调出广州，随后又以该舰未接命令擅自移动为名诬其阴谋暴动，随即下令逮捕该舰长、中共党员李之龙，并展开一系列的清共行动，史称"中山舰事件"。
② 中山舰事件后，蒋介石策划从国民党的领导机构中排挤共产党，全面控制国民党的党权。

向成熟。

大革命失败后，共产党认识到，必须通过武装革命与国民党对抗。1927年8月1日，周恩来、贺龙等率军在南昌起义，打响了武装反抗国民党的第一枪，中共领导的人民军队在南昌起义中诞生。解放军的军旗、帽徽上都有"八一"标志，这是解放军建立的标志。这次起义后来失败了。随后，毛泽东领导湘赣边秋收起义，打出工农革命军的旗号，攻打长沙，损失惨重。南昌起义、秋收起义，开创了中共独立领导武装斗争、夺取政权的新局面，为中国武装革命创建人民军队，从城市转入乡村，建立农村革命根据地，揭开了序幕。

南昌起义之后，瞿秋白在汉口召开了八七会议，纠正陈独秀的右倾错误，确定了开展土地革命和武装反抗国民党的总方针。八七会议给革命指了一条路，这条路就是枪杆子里出政权。

毛泽东领导湘赣边秋收起义，攻打长沙，损失惨重。只得退回文家市，改向敌人薄弱的山区进军。可一进山人就容易跑，他原来的部队工农革命军第一军第一师，4个团5000多人，打长沙时第四团叛变。进山之后，更是走一路人跑一路，那时候还有800多人，毛泽东决定进行三湾改编，确定党对军队的绝对领导权。现在中国人民解放军连以上单位都是双主官制，军事主官加上政治主官，军衔平级。

中国自1988年恢复军衔以来，没法仿照国外设立准将①军衔。如果设立准将的话，中国的将官数量将突破5000，美国才几百位将官。国外穿军装的一定是打仗的，1980年代，解放军军官去美国军队参观，发现美军八十二空降师的宪兵是女兵，挂着M1911手枪。除了炮兵、坦克、潜艇不对女兵开放外，美国

---

① 西方军官军衔分为元帅，上、中、少、准将；上、中、少校；上、中、少尉。我国军官军衔划分为上、中、少将；大、上、中、少校；上、中、少尉。

战斗机驾驶员都有女的。在中国，毛泽东说过，解放军是战斗队、工作队、宣传队，我们不光要打仗，还得宣传。中国文艺兵的比重相当大。

1997年，香港回归，记者采访驻港部队的政委，有一句话让人印象深刻：中国人民解放军是中国共产党领导下的人民武装。有一首歌叫《人民军队忠于党》，党对军队的绝对领导权从三湾改编就开始了。

三湾改编后，毛泽东创建井冈山革命根据地，点燃了工农武装割据的星星之火。井冈山地属江西、湖南两省交界，是三不管地带。中华民国只是形式上完成了统一。1928年12月29日张学良在东北宣布易帜，降下五色旗，升起了青天白日满地红旗，表面上中国完成了统一，一面青天白日满地红旗覆盖全国。实际上国民党分成了五大派——蒋介石的中央系，张学良的新奉系，李宗仁、白崇禧的桂系，阎锡山的晋系，冯玉祥的西北系。另外，地方军阀和土著军阀更多，福建、贵州、云南、四川各地都有地方军阀。四川的军阀在旧中国最为有名，他们混战的口号叫统一全川。没钱就向老百姓征税，你把明年的地租先交了吧，再把后年的交了吧，干脆把大后年的也交了吧，1930年时地租已经预收到1970年。

军阀割据，有很多的三不管地带，对于共产党开展革命最为有利。毛泽东的战术是"敌进我退"。本是老百姓，也无所谓扔掉军装，敌人大军压境，找不到对手。"敌驻我扰"，敌军一驻扎就开始扰你，今天摸个岗哨，明天宰个哨兵，埋颗地雷，实在没招了，放一宿炮仗让你睡不了觉。中国山地多，最适合开展游击战。抗日战争，我们平原游击战也打得不错。越南人跟我们学习，发明了丛林游击战。

军阀混战割的中国，工农武装发展日益壮大。1928年，朱德、陈毅率部与毛泽东工农革命军会师，合编为中国工农红军第四军。红四军军长是朱德，毛泽东是党代表，后人用"朱毛"指代红军。

有了红军，革命的星星之火发展成为燎原之势。到1930年，全国已经建立起大小十几块农村革命根据地，主要集中在南方。

革命根据地的发展壮大，惹急了国民党。从1930年到1931年，国民党对中央革命根据地发动了三次围剿。此时党内李立三推行"左"倾主张，制订了组织全国中心城市武装起义和集中红军攻占中心城市的冒险计划，号称要"会师武汉，饮马长江"。王明夸大了资本主义在中国经济中的比重，混淆了民主革命和社会主义革命的界限，他认为现阶段民主革命只有坚决反对资产阶级，无产阶级才能取得革命胜利。毛泽东坚决抵制，采取"避敌主力，诱敌深入，集中优势兵力歼灭各个敌人"的方针，粉碎了三次围剿。游击战是化整为零，不跟敌人进行主力决战，积小胜为大胜，运动战是化零为整。越南战争时，北越最精锐的人民军第三师1.2万人千里南下，美国发现不了。采取的做法是全师化整为零，徒步去南方，大炮一拆，你扛一个轮子，他扛一个炮筒，消失在茫茫原始森林中。到达战役地点集合，把大炮装好，填上炮弹，咚咚咚开始射击，一个主力师，1万多人，从地底下钻出来，这就叫运动战。

集中优势兵力各个歼灭敌人，国民党军把手伸开围剿，红军把拳头攥紧，不用把十指都砸断，砸断一个指头，攥不住，顺着缝就溜了，围剿就失败了。

1931年底，中华苏维埃共和国临时中央政府成立，公开跟国民政府分庭抗礼了。毛泽东制定出一条土地革命路线，依靠贫农、雇农，联合中农，限制富农，保护中小工商业者，消灭地主阶级，变封建半封建土地所有制为农民的土地所有制。这就调动了在根据地占人口绝对多数农民的革命积极性。

漫漫长途两万五

1933年，蒋介石发动了第四次围剿。这时，王明、博古掌握了中央领导权，"左"倾错误占统治地位，毛泽东被剥夺了中央苏区军队的领导权。王明主持中央工作的时候27岁，是共产国际领导人巴威尔·米夫的学生。米夫原来担任过莫斯科中山大学的校长，培训各国的共产党。王明能用俄语把马列主义背得滚瓜烂熟，米夫认为他理论修养很高，中国共产党就需要这种理论水平高的人，因此王明担任了中共中央总书记。王明知道国内艰苦，就把他24岁的同学博古派回来负责领导共产主义运动。

毛泽东擅长打仗，蒋介石发动第四次围剿，毛泽东已经被夺去军权。但是周恩来、朱德执行了毛泽东正确的军事路线，打退了第四次围剿。1933年，"左"倾错误在根据地全面贯彻。领导人强令红军去攻打中心城市，尤其是大城市，"武装保卫苏联"等匪夷所思的口号比比皆是。越是在敌人力量强大的地方，越要显示党的存在，越是在王府井，你越撒传单，我是共产党，来逮我吧，反正特务正愁拿不着津贴呢。同年，蒋介石发动了第五次围剿。德国人李德上过苏联的军校，毕业之后指挥过一个骑兵旅，骑兵旅也就千把来人，这号人奉共产国际之命来到中国当军事顾问，成为10万工农红军的总指挥。他不懂汉语，连中文地图都看不懂，同敌人堡垒对堡垒、阵地对阵地对抗了一年。第五次反围剿失败后，红军开始了伟大的两万五千里长征。

1934年，项英、陈毅率部掩护主力，中央红军开始战略转移，就是长征。战略转移速度得快，前面得有先锋官，逢山开路，遇水搭桥，后面得有掩护。但是，博古、李德犯了逃跑主义的错误，8.6万名红军湘江一战损失过半，只剩3万，要再往前走就要全军覆没。毛泽东及时站出来，往敌人最弱的地方打。贵州军阀王家烈的部队是中国战斗力最差的部队，因为他们都是双枪兵，一打仗烟瘾就犯，躺在雨伞底下抽大烟，一个师几千人都躺在雨伞下抽大烟，那个时候你叫他缴枪不杀，连烟枪带步枪都能缴获了。长征本想北上同北边的红军会师，现在就得被迫绕圈子了。

长征过程中，1935年1月，中国共产党在遵义召开政治局扩大会议，纠正博古、李德的"左"倾错误，肯定毛泽东的正确主张，确立了以毛泽东为核心

漫漫长征路

的新的党中央领导。这是中共第一次独立自主地运用马克思主义原理，解决自己的路线方针政策问题，是党从幼稚走向成熟的标志。中国共产党终于撇开了共产国际的指导，解决自己的问题。毛泽东指挥红军，四渡赤水，然后渡过金沙江，强渡大渡河，飞夺泸定桥，翻越夹金山，穿越大草地，进入陕北，离国民党越来越远了。

　　毛泽东偶尔得到了几张过期的报纸。一看，眼睛一亮，上面登着国民党军在陕北与刘志丹、谢子长所部红军激战，陕北有咱的人？去那儿！1935年10月，中央红军同陕北红军会师，次年10月，红军三大主力红二方面军、红四方面军及红一方面军在甘肃会宁地区胜利会师。

　　长征开始时，全国30万红军，胜利后还剩3万，中央红军出发时8.6万人，到陕北时还剩8000，损失了90%，但是具有伟大的意义。经过长征，革命转危为安。虽然损失惨重，但保存下来了中国共产党的精华，3万人在艰难困苦中，不掉队、不投降、不叛变，意志坚定，兵贵精而不贵多，他们构成了日后人民军队的主力。长征所经之处，撒播了革命火种，产生了巨大影响。

这个历史

挺靠谱

第五章

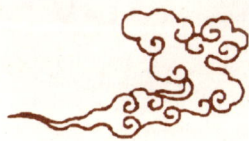

浴血抗倭谱战歌

（抗日战争）

01. 你来，我躲，先安内

蚂蚁想吞象

不甘处于小国境地的日本，时时都惦记着别家，希望能够用战争手段侵略和吞并中国、朝鲜等周边国家，从而扩大自己的地盘，加快自己的发展。日本的侵略有它"六步走"策略[1]：吞并台湾，吞并朝鲜，吞并满蒙，吞并中国，称霸亚洲，称霸世界。日本跟一部设定了程序的机器一样，一旦启动程序，就按部就班，完全照预定路线来，矢志不移地执行其计划。

1927年，日本首相田中义一给日本天皇上奏折（日本人不承认有这份奏折），确立了把满洲从中国本土分裂出来的侵略方针。当时日本军人组阁，跟日本的文官是有矛盾的。田中是陆军大将，日本的文官还算有见识，他们认为按照奏折，日本的国力不济，会导致日本民族灭亡，明治时期的两位元老就相当反对。

田中义一在奏折上说："我帝国欲征服世界，必先征服支那，欲征服支那必先征服满蒙。"日本别有用心，我们中国有本名它不用，用英译名，实际上是对我们的贬低。日本英文名字是Japan，中国叫它摘盆国也不合适。

田中要先征服的"满蒙"，就是东北，张学良隐约听说日本有一个这样的奏折，便派出特工，找到一位在日本定居了20多年的台湾华侨，辗转找到了反对田中的两位元老之一。元老希望能对军方有所制约，也乐意让中国搞到奏

---

[1] 日本的大陆政策分六步走，该政策立足于用战争手段侵略和吞并中国、朝鲜等周边大陆国家，对外进行扩张。

折。元老把华侨带进了日本皇宫，拿透明纸，蒙在奏折上一笔一笔描下来，复制了奏折。甭管这个奏折存不存在，日本从此就按照田中这条路往下走，梦想先征服东北，然后征服中国，最后征服世界。征服东北是第一步。

转嫁矛盾欲称霸

日本对东北垂涎已久。东北当时是张作霖的地盘，一向谁的账都不买。张作霖其人出生于草莽，颇具传奇色彩。据说张作霖生性豪爽，每年在孔子诞辰，都会脱下军装，换上长袍马褂，到各个学校，向老师们打躬作揖，称自己是大老粗，什么都不懂，特来感谢教育下一代的老师。张作霖曾在东北讲武堂给毕业生致辞，本来把参谋给他写的讲稿背得滚瓜烂熟，突然看到台下黑压压一片、鸦雀无声地看着他，就紧张得僵持了半晌没说出话来。最后开口大骂，接着走下台绕着毕业生走了一圈，频繁地问学生姓名，拍人家肩膀，然后重登讲台："我看到大家很高兴，许多要说的话偏偏想不起来了。你们都是好小子，好小子就要好好干！等你们毕业了，可以当排长，只要好好干，就可以升连长、营长，一路升上去。只要你们不贪生怕死，肯努力，想要什么就有什么，想要什么，我都可以给，但只有一样，我老婆不能给！"

张作霖同日本关系密切，也得到了日本很多的援助，但对答应日本的要求，多半不会履行。对于日本得寸进尺的要求，张作霖采取不合作态度。有一次，日军杀死一名中国士兵，张作霖亲自同日本领事馆交涉，提出抗议。日本领事随手写了一张5000元的关东券支票，交给张作霖。张作霖回来后，立即下令，全军放假，遇到日本人就杀。那时正是半夜，士兵杀了两个日本人。日本领事馆凌晨找张作霖，张作霖随即交还了日本领事给的支票，另外又写了一张5000元的支票给日本领事，以牙还牙。

张作霖的种种行径，惹恼了日本人。张作霖未能满足日本在"满蒙"

筑路、开矿、设厂、租地、移民等要求，还时常在日本人面前做些有性格的事儿，为日本内阁所不能容忍。1928年6月4日，张作霖带领随从，在从北京回奉天的火车上，被日本人炸死。张作霖之子张学良，满怀国仇家恨，摒弃同国民党之间的恩怨，毅然归顺国民党，打乱了日本侵略东北的计划。

其时，日本大举侵华的决心已定，当时的世界资本主义经济危机波及日本，日本政府企图借发动侵略战争，转移国内的视线。大量人员失业下岗，老百姓不满怎么办？打一场仗，煽动愤青们的爱国主义情绪，一致对外。你这么干的话，成功与失败的可能是一半对一半，你要成功了，这场危机就化解了。就跟萨达姆为什么要打两伊战争、海湾战争一样，就是为了转移国内矛盾。所以当年日本也是要发动一场对外战争，转嫁矛盾。你要成功了行，你要不成功完蛋得更快，还不如这么凑合着活着，想办法缓和矛盾，减少人民的痛苦，别动不动就对外打仗。

国民党就是不围剿红军，日本要侵略中国也有可乘之机。因为中国表面上看是统一的，实际上五派混战。在这种情况下，1931年，小日本关东军攻占沈阳，制造了九一八事变。不到半年东三省落入日军之手。对于日本帝国主义的侵略，蒋介石曾经密电张学良："沈阳日军行动，可作为地方事件，望力避冲突，以免事态扩大。一切交涉，听候中央处理。无论日军此后如何在东北寻衅，我方应不予抵抗，力避冲突。"

蒋介石公开提出"攘外必先安内"和对日不抵抗主张，促使了日军加快全面吞并东北的步伐。张学良先生在他的回忆录里说，自己把日本的意图估计错了，他没想到日本关东军1万多人就敢动手。东北军当时是关内11万，关外20万，一共31万人，而且东北军是中国最强的部队，比中央军装备都强，飞机、坦克全有。

02. 艰苦的处境，高昂的斗志

武装抗日第一枪

东三省沦为日本的殖民地，随后，日本扶持溥仪在东北建立伪满洲国。

1924年，冯玉祥将末代皇帝溥仪驱逐出皇宫。当年，民国政府优待清室，清室住在紫禁城内都写进了宪法，溥仪一看，民国说话根本不算数，却无可奈何地忍下这口气，1928年，对溥仪致命的打击到来了。

国民革命军第四十一军军长、土匪出身的孙殿英盗掘东陵。把慈禧从棺材里拉出来，慈禧当时栩栩如生，刚埋了20年，尸身未腐，拖出来之后，扔在外面，大夏天长了一身毛。这下刨了溥仪家的祖坟，事发后，全国震惊。冯玉祥派人找来孙殿英，对他说："殿英老弟，你的革命精神我很佩服。咱们是好朋友，好同志，在反对清朝这一点上我干的是活的，把称孤道寡的溥仪从故宫里赶走；你干的是死的，掘开了慈禧墓，盗走了金银财宝。你革命比我彻底，我不过是把皇帝逐出宫去，你却把宣统的祖宗扔出坟外。"对于孙殿英挖坟盗墓的行径，民国政府一直没个说法，溥仪心一横，跟着日本特务去了东北，做了伪满洲国[1]的皇帝。

不愿做亡国奴的东北人民，自发组成抗日义勇军。义勇军没有统一的领导，很快被日军各个击破。义勇军里最大的一股是原东北军黑河警备司令兼步

---

[1] 伪满洲国是1931年九一八事变后，日本侵略者利用前清废帝爱新觉罗·溥仪在东北建立的一个傀儡政权。这一政权包括现中华人民共和国辽宁、吉林和黑龙江三省全境、内蒙古东部及河北北部。

兵第三旅旅长马占山的部队，马占山出身绿林，九一八事变后，张学良让其出任黑龙江省政府代理主席兼军事总指挥。1931年10月16日，伪军张海鹏部向嫩江桥发起进攻，马占山率部将其击溃。他明确表示"吾奉命为一省主席，守土有责"，"一息尚存，决不敢使尺寸土地沦于异族"。奋起抗日，血战嫩江桥，打响了武装抗日的第一枪，成为蜚声中外的抗日名将。

为加强对东北抗日武装的领导，中国共产党派出大量优秀干部，到东北组织抗日联军[①]。杨靖宇、周保中、李兆麟、赵尚志是主要的领导人，东北抗联是共产党领导的武装，在中国14年的抗日战争历程当中，最艰苦的就是东北抗联。

饥饿严寒击不垮意志

东北是块宝地，日本人称"宁可放弃本土绝不放弃满洲"。长春伪满洲国八大部，到今天还是政府机关、医院、学校的办公场所，雄伟壮丽，坚固异常。日本人想着有朝一日把天皇迁到长春去，按照建设自己国家的热情建设伪满洲国。东北什么都好，自然资源丰富，有森林，有河流，有平原、有矿产，就是气候酷寒。东北的冬天树叶都掉光了，树皮冻得刀都刻不动，草根都让雪覆盖着，熊也冬眠了，抗联在东北坚持到1940年着实不易。日本关东军号称皇军之花，是日本最精锐的部队，人数最多的时候达到75万。抗联人数最多的时候4.5万，装备更是没法比。

东北抗日联军成立之后，强有力地打击了日本侵略者，动摇了侵略者的大后方，日本侵略者不得不调集大批部队一次又一次进行疯狂的围剿，实施"三年治安肃正计划"，加之抗日联军与上级党组织失去了联系，地方党组织遭到

[①] 东北抗日联军简称东北抗联，由东北抗日义勇军余部、东北反日游击队和东北人民革命军三部分组成。

毁灭性破坏。粮食、药品、盐等给养完全断绝，许多优秀的指战员壮烈牺牲，部队损失惨重。从1939年到1940年，东北抗日联军的游击战争转入极端艰苦的斗争阶段。1940年，周保中、李兆麟将军率部退往苏联，1945年跟着苏联红军打回来的苏联远东方面军步兵第八十八旅，实际上都是原来的抗联老战士。

杨靖宇将军不愿意去苏联，想率部入山海关跟八路军会师，结果300多人被日伪军包围，全军覆没。被敌军包围前，杨靖宇独身躲进原始森林，隐藏了20多天，草根都没有，只能吃自己身上的棉袄，渴了抓一把雪，20多天后实在忍不下去，出山去寻找食物，被日伪军包围。日本人对他很是佩服，高官厚禄劝降，饿了20多天的杨靖宇用尽最后气力喊道："量你倭寇区区弹丸四岛，断无亡我中华之力！"

讨伐队对杨靖宇实行的是逐步包围的方式，步步逼近，最终完全包围了他。日本人一直争取劝降杨靖宇，可是，他依然不停地用手枪向讨伐队射击。交战20分钟，有一弹命中其左腕，啪嗒一声，他的手枪掉落地上。他继续用右手的手枪应战。就因为这样，讨伐队慢慢悟出，生擒杨靖宇也不容易，于是加强了火力，杨靖宇将军壮烈殉国。杨靖宇阵亡后，日军指挥官对这个在寒冷的环境中，几十天没有粮食供给的中国将军为何能够存活下来，很是好奇。下令将其遗体解剖，试图发现在饥饿严寒条件下野外生存并战斗的秘诀，结果在杨靖宇的肠胃中发现的只有树皮、草根和棉花。侵略者大受震撼，当年杀害将军的岸谷隆一郎特意为杨靖宇举行了慰灵祭，这个人后来在日本投降前夕自杀。

1945年8月，苏军解放长春，在伪满军政部发现了一个泡在防腐液中的人头，准备丢弃。当时有原抗日联军的人员在旁，觉得像是杨靖宇将军的遗首，及时制止并向上级报告。周保中得知，马上驱车赶往辨认，面对战友遗首，周保中热泪盈眶，随即派人将杨靖宇的首级好好保存，1948年末，送往哈尔滨的东北烈士纪念馆。

03. 大家联合来抗日

秘密党员吉鸿昌

1933年，国民党爱国将军蔡廷锴、李济深，在福建成立中华共和国人民革命政府。社会各阶层的民众都开始抗日。随着中日民族矛盾的加剧，中共提出建立抗日民族统一战线。民族统一战线囊括了中国的各个阶层。宋庆龄抗日，蔡元培抗日，国民党将领冯玉祥跟共产党员吉鸿昌组织察哈尔民众抗日同盟军，中国各个阶层都自发抗日。

吉鸿昌将军本是冯玉祥的部下，西北军的军长，奉命剿共，听人说红军是仁义之师，苏区是尧天舜日。于是他化装成商人进入苏区，一进去就被人认出来了。将军身高1.96米，南方这种身材很少，身高说明一切，吉鸿昌自投罗网。红军很开明，让他随便参观，吉鸿昌看完之后就申请加入中国共产党，中共欣然接受。吉鸿昌成为秘密党员，负责兵变。蒋介石发现吉鸿昌有谋反之意，便解除了他的军职，逼迫他出国"考察"。

1931年9月21日，坚定抗日的吉鸿昌将军被蒋介石逼迫下野，到国外考察实业。船到美国，吉鸿昌就接二连三地遭到意想不到的刺激，如那里的头等旅馆不接待中国人，却对日本人奉若神明。有一次，吉鸿昌要往国内邮寄衣物，邮局职员竟说世界上已经不存在中国了，吉鸿昌异常愤怒，刚要发作，陪同的使馆参赞劝道："你为什么不说自己是日本人呢？只要说自己是日本人，就可受到礼遇。"吉鸿昌当即怒斥："你觉得当中国人丢脸吗？可我觉得当中国人光荣！"为抗议帝国主义对中国人的歧视，维护民族尊严，他找来一块木牌，用英文仔细地在上面写上：我是中国人！也是，仨日本人放在一块儿有将军高吗?

察哈尔民众抗日同盟军失败后,吉鸿昌被国民党逮捕。在法庭上,吉鸿昌大义凛然,历数蒋介石不抗日的种种罪行,最后吉鸿昌在北平监狱被秘密杀害。将军临刑前留下一首绝命诗:"恨不抗日死,留作今日羞。国破尚如此,我何惜此头。"死刑犯应该是蒙上眼睛背对行刑队,跪下挨枪。将军要求坐在椅子上看射杀自己。特务不敢开枪,枪毙犯人,也是对心理素质的极大考验,刽子手端着枪直哆嗦,吉鸿昌将军高呼口号,壮烈牺牲。

勇猛大刀队

1935年日本帝国主义制造了华北事变,威逼平津。当年伪满洲国国境线划到长城,与北平近在咫尺。日本得寸进尺,妄图吞掉华北,把华北变成第二个伪满洲国。国民政府同日本达成了《何梅协定》,中央军撤出河北,取缔一切抗日活动。当时驻守平津的国民党二十九军,属于冯玉祥的西北军系统,日本盘算着冯玉祥的部队可能倒戈,便允许二十九军留了下来。

二十九军装备落后,全军一共22 000人左右。部队的枪械有三分之一是西北军在反蒋战败时遗留下来的汉阳造、三八式;还有三分之一是原甘肃调出来的老毛瑟枪,当时为倒蒋发给地方武装部队用的。这种老旧步枪由于当时各兵工厂早就停止制造子弹,弹药补给相当困难;另外三分之一是二十九军枪械所自己制造的,再加上一些从孙殿英部买来的土枪。全军山炮和野炮一共才16门,重机枪97挺。因为部队枪支弹药不足,就为部队士兵配发了大刀。可怜的二十九军士兵装备跟义和团差不多,每个人一把大刀,两颗手榴弹,在战场上跟日本人较量。长城喜峰口战役,二十九军将士夜袭敌营,1000名勇士出发,归队26人,974名勇士战死沙场,歼灭日寇一个重炮联队。800多个日本鬼子全被砍死,日本的报纸惊呼,明治大帝造兵以来,皇军未遇如此惨败,而且败在冷兵器之下。堂堂一个重炮联队,被大刀片给切了。小日本在这场战役前,军官佩带的都是华而不实的西式指挥刀，从这场战役以后才恢复日本的古刀。

日本人特别有意思，勇于自杀，羞于被杀。中国人认为自杀可耻，在战场上被敌人杀掉是勇敢的。小日本跟咱的观念正好相反，他们以被敌人杀死为耻，自杀无上光荣。飞行员拿着指挥刀上飞机，刀是铁锻造的，带上飞机，罗盘失灵，飞机胡乱地飞。日本兵跟义和团的迷信水平差不多，认为在战争中被敌人砍掉脑袋，灵魂出窍，来世没有办法投胎，所以咱们的二十九军大刀专门向鬼子头上砍去。但是大刀毕竟不是飞机、大炮、坦克车的对手，这个很危险。

日本在华北经济势力的扩张损害了英美利益，他们支持国民党的亲英美派抵制日本。东北原来就是日本的势力范围，日本建立伪满洲国对英美势力没有什么损害。华北就不同。

对蒋介石来说也是如此。东北原来是张学良的势力范围，蒋介石收不了税，任免不了官员，华北是700年故都所在，如果被占领，对全天下人没有办法交代。蒋介石也看出日本没完，永远无法满足。你要给它华北，它就要华中、华东、华南，所以必须反抗。

1935年，中共在陕北瓦窑堡开会，确立了建立抗日民族统一战线的方针。毛泽东发表《论反对日本帝国主义策略》的报告，奠定了中共建立抗日民族统一战线的理论基础。在中共这个统一战线政策的感召下，各阶层起来抗日。12月9日北平学生游行，主张打倒日本帝国主义，停止内战，一致对外，反对华北自治。

平津学生随后组织南下宣传团宣传抗日救国，抗日救亡运动掀起了新的高潮。

西安，时局的扭转点

在中国共产党抗日民族统一战线政策的感召下，张学良、杨虎城多次劝谏蒋介石联共抗日，均遭到拒绝。西安事变之前，张学良奉命剿共，一打仗就从红军的阵地上飘来了"我的家在东北松花江上"的歌声。被东北军占领的城镇，红军在城门楼上拿白漆刷上三个大字——山海关。东北军成天在"山海关"来来回回，军心自然动摇。张学良一看仗没有办法打，就跟红军握手言欢。1936年12月，蒋介石到西安威逼张学良、杨虎城剿共，张、杨扣押蒋介石，实行兵谏，逼蒋抗日，这就是西安事变。

统帅被扣，国民党内部亲日派主张轰炸西安，继而对蒋介石取而代之，亲英美派主张和平解决。中共高瞻远瞩，主张用和平方式解决西安事变引起的问题，反对新的内战，并以此为契机，联合南京的"左"派，争取中派，反对亲日派，以推动南京政府走向抗日。中共派周恩来赴西安谈判，蒋介石被迫接受停止内战、联共抗日的主张，西安事变和平解决。

西安事变和平解决揭开了国共两党由内战到和平，由分裂对峙到合作抗日的序幕，成为扭转时局的关键。张学良在西安事变之后负荆请罪送蒋介石回南京，一到南京，军事法庭判处张学良10年有期徒刑。1947年张学良掐指一算，到了出狱时间，托人送给蒋介石、蒋夫人一对名表：到点了，该放我了。蒋介石更幽默，给了张学良一本1936年的日历，给张夫人一双拖鞋，意思是1936年的事忘不了，永远拖下去。不但不放，还把他押到了台湾，一直关到1991年。1991年，李登辉解除了对张学良的管束，张学良飞赴美国夏威夷。

西安事变和平解决后，抗日民族统一战线初步形成，蒋介石停止剿共，联共抗日。抗日战争爆发后，红军改编为八路军，开赴敌后战场，开到了华北、华中、华南。抗战八年一结束，人民解放军由3万人发展到130万人，从陕北一个根据地发展到19块根据地，100万平方公里，人口一个亿，4年后江山易主，改天换地。所以，西安事变成为扭转时局的关键。

04. 守卫家园，端起手中的枪

众里寻他千百度

国共对峙的十年，中国社会主要矛盾和中共的内外政策有一个转变过程。从1927年到1931年，中国社会以阶级矛盾为主，中国共产党的政策就是进行土地革命，反蒋。1931年到1935年，从九一八事变到华北事变，民族矛盾上升，中国共产党既反蒋又要抗日。从1935年华北事变以后，民族矛盾成为中国社会的主要矛盾，中国共产党内外政策从逼蒋抗日到联蒋抗日。1935年到1936年也就是华北事变到西安事变，这个时候是逼蒋抗日，西安事变和平解决，初步形成抗日民族统一战线。

这一战线包括工人、农民、城市小资产阶级和民族资产阶级，也包括以国民党蒋介石集团为代表的亲英美派大地主、大资产阶级。开明绅士、地方实力派、各中间党派领导人、爱国民主人士、民族工商界人士、宗教界领袖也包含其中。1937年抗战全面爆发，国共两党携手并肩共同开始中国的卫国战争，即抗日战争。

1937年7月7日，日本挑起了七七卢沟桥事变。抗日战争共14年，前6年局部抗战，卢沟桥事变后开始了中国的全面抗战，历时8年。当时的北平，三面被日本包围，北面伪满洲国的国界一直划到离天安门80公里处。东面汉奸殷汝耕在通县成立了伪冀东防共自治政府[①]，冀东22县脱离中国。北平西面，内蒙

---

① 冀东防共自治政府是日本成立的傀儡政权之一，1935年11月25日由殷汝耕等人成立，最早为"冀东防共自治委员会"。以通州为政府所在地，管辖通县、三河、密云、怀柔、蓟县、遵化、玉田、平谷、顺义、兴隆、临榆、迁安、滦县、昌黎、扶宁、卢龙、丰润、乐亭等18县，还包括昌平、香河、宝坻、宁河以及察哈尔的延庆、龙门、赤城3县，此外还管辖唐山市、塘沽、大沽、秦皇岛等地。

古的王公德穆楚克栋鲁普，主张蒙古独立，成立伪政府，组织伪军。北平三面受敌，古都已然处于战火的前沿。北平跟内地唯一的联系就是京广铁路，当时叫平汉铁路。卢沟桥是平汉铁路的必经之地，日军一旦占领卢沟桥，就切断了平汉铁路，北平也就成了一座孤城。

日本在卢沟桥附近有一支驻军，7月7日晚，日军在卢沟桥畔进行挑衅性军事演习。演习的时候，一名士兵闹肚子，没跟长官汇报，就窜地里去了。日军就借口这名士兵失踪，要求搜查宛平城，遭到中国守军拒绝，日军炮轰宛平城，卢沟桥事变爆发。实际上，在日本人提出搜城无理要求的时候，闹肚子的兵已经归队。卢沟桥事变爆发的第二天，中共就发表了通电，号召全民族一起抗日。蒋介石发表庐山谈话，确定抗战方针。

抗战，已无退避

对于庐山谈话，过去有很多不同的看法。当时蒋介石讲："卢沟桥事件能否不扩大为中日战争，全系于日本政府的态度，和平希望绝续之关键，全系于日本军队之行动，在和平根本绝望之前一秒钟，我们还是希望和平的，希望由和平的外交方法，求得卢事的解决。"

当时的中国是一个弱国，不是一个强国，弱国的态度应该是应战而不是求战，牺牲未到最后关头绝不轻言牺牲，没到绝望的时刻不要放弃和平。在战、和之间，如果有选择的话，负责任的统治者肯定应该选择和，而不应该选择战。中国近代动不动就拼了，拼又拼不过，一拼就败，一败就是割地赔款。当时蒋介石认为能不打尽量不打，但他也知道，日本是让了东北要华北，让了华北，就要华东。

我们东四省失陷，已有了6年之久，续之以塘沽协定，现在冲突地点已到了北平门口的卢沟桥。如果卢沟桥可以被强占，那么我们百年古都，北方政治文化的中心与军事重镇北平，就要变成沈阳第二！今日的北平，若果变成昔

卢沟桥事变

日的沈阳，今日的冀察，亦将成为昔日的东四省。北平若可变成沈阳，南京又何尝不会变成北平！所以蒋介石也说："我们希望和平，而不求苟安；准备应战，而决不求战。我们知道全国应战以后之局势，就只有牺牲到底，无丝毫侥幸求免之理。如果战端一开，那就是地无分南北，年无分老幼，无论何人，皆有守土抗战之责，皆应抱定牺牲一切之决心。"庐山谈话标志着国民政府已抱定抗战之心。

05. 一寸河山一寸血

百万人大掐架

出于国内状况和战争消耗考虑，日本希望能够短时间内吞下中国。打完华北，日本挥师南下攻打上海，再取南京，给国民党一个下马威。上海毗邻南京，是蒋介石的发家处，正是他的"龙兴"之地。日军选择如此路线，国民政府无路可退。当即蒋介石发表自卫宣言，表示抵抗暴力，保卫国土。国民党开赴前线，进行了著名的淞沪会战。

国民政府淞沪会战时可谓动了老本。中国累计参战兵力70多个师，70多万人，日军累计参战兵力12个师团，20多万人。当时中日两国的国力对比非常悬殊，日本一年的国民生产总值是60亿美元，中国是10亿多美元，如此一个大国，基本上还停留在农业社会。国民生产总值只相当于日本的六分之一，军事力量更是相距甚远。日本的海军世界第三，军舰总排水量达到170万吨，仅次于美英，航空母舰10艘，战列舰11艘。中国只有6万多吨军舰，好多都是甲午海战打剩下的祖父级军舰，比水兵的爷爷都老，那种船能开出海就不错了。日军约有2600多架飞机，中国只有305架，而且是双翅膀的木头机，敞开式座舱，飞不高，飞高了飞行员会憋死，也飞不快，翅膀外边蒙着一层帆布，或者包着一层铝皮。对付中国的木头机，日本的机枪子弹全是燃烧弹，只要打到木头飞机，飞机准着火。日本现役军人是50万，还有300万在乡军人，都是受过严格军事训练的预备役军人，战斗力很强。中国军队加上共产党的军队当时是200万，中央军大概占四分之一，剩下的部队尤其是军阀部队，基本上都没有战斗力，当兵为吃粮，扰民有术，御敌无方。

日本兵基本上都是小学以上文化程度，甚至初中毕业，都会鼓捣照相机，能够操作迫击炮、望远镜，能看得懂地图。中国兵基本上都是文盲，在1949年中国人的识字率是20%，1937年认识大字的更是可想而知。所以淞沪会战中国军队以27万人伤亡的代价打死打伤日军4万多人，6.5：1的比例，在当时已经相当不错。

中国军队的现状跟鸦片战争时候差不多，人数虽然多，但分布在全国，在交通状况极其落后的情况下，要把军队调到淞沪战场是需要时间的。当时国军最精锐的部队是3个德械装备师，三十六师、八十七师、八十八师。八十七师、八十八师镇守南京是卫戍部队，现在从南京去上海坐动车1个小时，那会儿要20多个小时才能到，天上还有日军飞机轰炸。三十六师从西安调往淞沪战场，蒋介石给三十六师师长宋希濂下令，限该师×月×日之前到达上海，否则师长以下军前正法。宋师长急了，把全师组织起来直奔火车站，到了火车站，人家说对不起，运力不够，一个师我拉不了。没那么多车皮怎么办？一个师有两个旅，先去一个旅吧，怎么着得赶到战场，于是一个旅上了火车。

火车开到宝鸡，下来吧，铁路就修到这儿。于是全旅下车，找汽车，对不起，没这么多车，拉不了一个旅，那就先去一个团，一旅两个团。汽车跑到半道，下来吧，没汽油了，怎么办？先去一个营吧，把那两个营车里的油抽出来放在这个营的车里，先跑，跑到一点油都没有的时候怎么办？全营找身体最棒的凑成一个连举着三十六师的军旗，跑步进入淞沪战场。所以国民革命军陆军第三十六师军旗到了上海，实际上到的兵力屈指可数。

拼死御敌

淞沪会战国军一个师填进去，日本人海陆空炮火上来，一个礼拜就打光了。一个连100多人，上战场一天基本上就全完了。蒋介石中央军的士兵进入上海之后，拿灯泡点烟抽，他们肯定没有见过电灯，觉得这是蜡，能把烟点着了，这还是蒋介石中央军的士兵。所以可以想见中国当时完全是中古社会，士兵连电灯都没有见过，素质可想而知。小日本阵地上有电网，中国兵哪懂这个，举大刀就砍，一砍，人就挂在那儿了，战友去救他，一下一个连全都挂在那儿，他就不知道那是电网，你不能去拉他。不懂啊，没见过电网。淞沪会战血拼了三个多月，本来小日本想三个月灭亡中国，结果光打一个上海就花三个多月。这仗打得虽然是惊天地兮泣鬼神，但是能看出来两国国力的巨大差距。

日军占据高楼，以战车战机掩护，交叉火网射击，国军以战友尸体掩护，向前猛扑，损失惨重，进展很有难度。随后日军不断派遣援军强行登陆，从1937年8月中旬到11月中国军队退出上海，日军投入兵力20多万人，说中国军队是在浴血奋战，毫不夸张。

屠夫凶相毕露

日军占领上海后，直逼南京，侵华战争进一步升级。蒋介石曾经三次召集高级将领讨论守卫南京的问题。国民政府首都被攻陷，多少有些丢人。不过纵使大家有保卫南京之心，却没有这个实力，南京城被日军重重包围，守城各军战斗多日，伤亡重大。最终，日军入城，12月13日南京陷落，国民政府被迫迁往武汉。

日军从上海向南京进攻，沿途就开始大肆屠杀中国人民，其残忍程度令人发指。大屠杀是有组织的，完全没有道理可讲，全无人性。不接受投降，俘虏全部处死，机枪扫射，汽油焚烧，抛尸河湖，短短几天，屠杀30万南京人民，南京城到处血流成河。

国民党为什么总打败仗？国力孱弱，武器简陋当然是主要原因。但国军将士战斗不可谓不英勇，这个时候，大都是杀身成仁，舍生取义的。当时国民革命军的一首军歌这么唱道："中华男儿血，应当洒在边疆上。飞机我不睬，重炮我不慌，我抱正义来抵抗。枪口对好，子弹上膛，冲！冲出山海关，雪我国耻在沈阳。中华男儿汉，义勇本无双，为国流血国不亡！凯旋作国士，战死为国殇。精忠长耀史册上，万丈光芒！"

国军士兵，尤其中央军，是很勇敢的，不怕死，但为什么就是打不过小日本呢？有一个重要原因是国民党执行片面抗日路线，不发动人民群众，只依靠政府和军队。国民党为什么不发动群众？就是因为国民党的阶级属性跟群众对立，不敢武装群众。什么样的政府可以把群众武装起来？前提一定是这个政府是人民选举出来的，才敢武装群众，因为它知道我武装起群众来，群众不会拿枪把我推翻。不是民选的政府，绝对不敢把群众发动起来。再者国军打的仗是正规战，两军对垒，枪对枪，杆对杆，兵对兵，将对将，发动群众有什么用？日本坦克上来了，让群众上去？撞，没关系，机动车负全责。不能这么干！而且打仗如果要老百姓上，军人干吗使的？如果用老百姓打仗，就难免会出现误伤。以色列打哈马斯就看得很明显，哈马斯军民不分，二楼是住人的，一楼发射火箭。那炸这栋楼的时候，一炮下去，玉石俱焚。

国民党军队尽管骁勇善战，但战争的结果是，上海没守住，太原没守住，最后就连南京都没守住，日军进行了惨绝人寰的南京大屠杀。

功亏一篑

1938年日军兵分两路，从华北和华东夹攻徐州。中国军队在徐州留有重兵，正面战场爆发了徐州会战。在国军五战区司令长官李宗仁将军的指挥下，取得了台儿庄大捷，这是抗战以来正面战场取得的最大胜利。李宗仁将军指挥的台儿庄战役，历经月余，我军毙伤日军11 984人，俘虏719人，缴获大炮31门，装甲汽车11辆，大小战车8辆，轻重机枪1000余挺，步枪10 000余支。基本上日军第10师团就被打残了，师团长矶谷廉介被撤职回国转入预备役。日军的师团编号在20以内的，包括近卫师团、第1师团、第2师团、第3师团、第4师团、第5师团、第6师团、第7师团、第8师团、第9师团、第10师团、第11师团、第12师团、第14师团、第16师团、第19师团、第20师团属于甲种师团[1]，建军比较早，尤其是1到7这7个师团，甲午战争时就有了，战斗力很强。编号20到50的是乙种师团，50到100的是丁种师团，100以后的是丙种师团。一看日本的师团编号，你就知道它是什么水平的部队。

第10师团，又称姬路师团，是日本陆军的一个甲种师团，是日军在二战爆发前17个常备师团之一，装备精良，被日军作为现代化师团的样板。后来抗日战争一进入相持阶段，咱们的对手基本上就是丙级丁级师团了，因为甲级师团都调到太平洋战场跟美国人打仗去了。台儿庄大捷是战斗胜利，战役却失败了，徐州失守。守军突围，保卫大武汉，爆发了武汉会战。武汉会战中国累计参战兵力110万，日军累计参战兵力35万，最后，武汉还是失守。

武汉会战中，中国军队取得万家岭大捷，几个军把106师团围得像铁桶一样。眼瞅着要创造一次歼灭日军一个师团的辉煌战绩，报纸上空出头版头条准备登载消息，日军打仗都是军官挥着军刀冲在最前面，所以日军军官伤亡最多。当时，106师团军官几乎伤亡殆尽，弹尽粮绝，这个时候日本飞机来了，

---

[1] 甲种师团是日军的一种师团编制，主要为二战前日军的17个常备师团，约15 000至20 000人。成军时间久且历经大战爆发前在中国发生的大小战事，战斗经验以及训练上相对扎实，对日军来说是其组成中列于首位的作战主力。

激战台儿庄

空降指挥官，扔弹药扔补给，组织部队突围，轰炸机炸出一条血路。中国兵看傻了，本觉得日军插翅难飞，结果日军硬生生从天上打开一条生路，这就是现代化战争，立体战争，我们没见过，所以最后整个会战失败，日军占领了广州和武汉。

广州、武汉的沦陷标志着抗日战争的防御阶段结束，进入到战争相持阶段。

06. 战争背后的残酷时光

在战火中改编

淞沪会战时，西北中国工农红军主力改编为国民革命军第八路军，简称八路军。一个月后改为十八集团军，但习惯上一直叫八路军。南方八省游击队，就是长征没走掩护主力的那些人，改编为国民革命军陆军新编第四军，简称新四军。八路军经过一年的扩充，这时候人数已经发展到4万多人，下辖三个师，一一五师、一二〇师、一二九师，分别是原来红军的一、二、四方面军，人数倒是挺多，装备低劣，全军大概只有十几门山炮，多一半还打不响，因为长征途中零件丢了。小日本一个师团2万多人，比我们的师要大，比我们的军要小，108门火炮，24辆战车，咱们中国全国也找不着几辆战车。

新四军就更别提了，全军10 500人，相当于国民党一个正规师，6200支枪，这6200支枪相当多的都是村里做的土枪，不是兵工厂生产的。土枪土到什么程度呢？战士们"亲切"地称它为脚蹬式步枪，什么意思？打一枪之后枪栓就拉不开了，得搁地下拿脚踩，手没劲，搁地下一踩，弹壳出去，第二发子弹入膛。你说要用这样的武器跟日本打仗，你趴地下开一枪，然后再站起来一踩，那你就牺牲了，就光荣了。所以我们就用这么低劣的武器跟飞机、大炮、坦克、毒气武装到牙齿的日军作战。多么伟大啊！红军改编一完成，这就标志着中国的抗日民族统一战线正式形成了。

除了八路军与新四军外，在中共的根据地，存在着另外两种类型的武装力量：地方军和民兵。大多数地方军也负有专职的军事责任，但与八路军和新四军不同，他们长期留在自己的管辖地区以内。民兵理论上包括16至45岁之间全部身体健全的人，但不同于野战军或地方军，他们不"脱离生产"，而是在需要时执行零星任务。与此同时，他们继续从事自己的正常业务。当然，在人们说到这种军事组织时，都感到训练和装备的不足日益明显。大多数民兵是用大刀与农具武装起来的，他们的老式鸟铳和土枪已被野战军或地方军征用了。

当时中国土地分为稳定区、游击区和日本控制区。稳定区是中共已经创立了相当巩固的行政机构的地区，可以公开行使职权并实行改革；游击区，这里可能有多种力量：共产党人、国民党部队、地方民团、土匪、伪军。在这些游击区，中共根据眼前的共同利益寻求盟友。他们只做初步的组织工作，而且只试图进行有节制的改革。日本控制地区，是在不同程度上受日本控制的地区。与中共核心地区相对应的，是日本人所占领的城市、大集镇和主要的交通线，边上有一些拉锯的边缘地带，在这些地带日军和伪军占上风。

策略大转变

中共的军队多配合国民党的正面战场打一些敌后战争。在淞沪会战的同时，华北日军占领平津后进攻山西，国民政府正面战场组织太原会战，八路军配合友军开赴前线取得了平型关大捷，这是全面抗战以来的首次大捷。平型关两山夹一谷，八路军占领两边山头，日军在谷底，正好是用兵的绝地。八路军居高临下，伏击了日寇最精锐的部队、号称钢军的第5师团21旅团。第5师团也是日军在二战爆发前17个常备师团之一，是日军最精锐的机械化部队。在平型关战斗中，林彪指挥八路军一一五师以600人的伤亡代价，歼灭了第5师团21旅团辎重队的千余名官兵。

平型关大捷前后，中国共产党召开了洛川会议，确定抗日战争是全民族的抗战，我们要坚持游击战，建立敌后抗日根据地。

日军占领了一批大城市和中国北部大部分领土后，国内对抗日战争的不同看法就出现了。这些论调大致有两类：一类是"亡国论"，这种论调认为，中国武器不如人，继续和日本人打仗，必然失败。还有一类是"速胜论"，持这种论调者幻想依靠国际援助来打败日本。他们认为，国际形势一定会发生变化，外国会援助中国的，中国可以在三个月内打败日本人。共产党内也有人认为，日本人不值得一打，我们很快就会打败日本人。上述两种论调，在国内流传很广，影响着抗日大局和人们的情绪。为了驳斥"亡国论"和"速胜论"，毛泽东发表了《论持久战》。指出中国抗日战争的正确方向，既不能亡国，也不能速胜，而是跟它耗，耗死它！

中国是一个大弱国，日本是一个小强国，大弱国对付小强国，就得拖下去，以空间换时间。想三个月灭亡中国的日本很是郁闷，从开战到1938年10月，16个月过去了，中国没有灭亡，日军伤亡超过40万，走了这么老远，这地咋还叫中国？搁自己国家都来回三四趟了，所以日本被迫改变了侵华方针。

日军停止了对正面战场的大规模进攻，转而去进攻共产党的敌后战场。对国民党以政治诱降为主，军事进攻为辅。日本这一方针的变化，国民党内部顿起波澜。亲日派汪精卫集团叛国投敌。一直是以革命家、政治家面貌出现的汪精卫，一念之差晚节不保，叛国投敌，永远被钉在了历史的耻辱柱上。叛国的汪精卫集团，1940年3月在南京成立了伪国民政府，国旗仍然是青天白日满地红旗，旗杆顶上加了一条类似猪尾巴的黄布，上写"和平反共建国"六个字，与重庆国民政府以示区别。外国人看中国人，觉得特别的聪明，弄出两个政府，重庆一个，南京一个，重庆政府加入同盟国，南京政府加入轴心国，谁赢了中国都是战胜国。

日本对沦陷区的压榨和奴役骇人听闻。日本侵略中国的目的就是为了掠夺，以战养战，把中国变成太平洋战争的后方。中国华北地区丧失了600万精壮劳动力，其中20多万被弄到了日本本土去做苦力。日本的右翼势力现在这么强大，他们背后有大财团给他们撑腰。大财团在日本侵华战争中获利，中国劳工在日本企业，受尽虐待与凌辱，最后可能只有几千人生还。日本若是承认了战争罪行，大财团都得赔钱，日本前首相麻生太郎家的企业，就是用战俘劳动，右翼势力否定侵略战争就是在撇清责任。另外，日本在沦陷区推行奴化教育，泯灭你的国家、民族意识。

在日本转变侵华方针的同时，正面战场的战争仍在继续，在枣宜会战中国军第三十三集团军总司令张自忠将军壮烈殉国，这是抗战期间在战场上阵亡级别最高的中国将领。张自忠将军出身于二十九军，"卢沟桥事变"时是天津市市长、三十八师师长。平津保卫战，二十九军的副军长佟麟阁中将，一三二师师长赵登禹中将殉国，此时，出身于二十九军的原三十八师师长张自忠将军又殉国。所以北京、天津都有以这三位将军的名字命名的马路，北京还有张自忠小学。

日本急了要玩儿命

什么事儿耗得时间长了，就会疲惫。1939年蒋介石的抗日态度就转入消极，抗日战争打了一年，国军损失超过200万，特别是海空军技术兵器消耗殆尽，而八路军抗战爆发挺进敌后，开辟敌后抗日根据地，一年就从4.2万人发展到15.6万人。蒋介石开始不爽了，自己的家底都快赔尽了，要保存实力，就在正面战场同日军相持，你不打我，我就不打你。因为"中国共产党和它的主要部队——八路军和新四军——都在中日战争期间异乎寻常地扩大了。战争的头3年，在1940年以前，发展是非常快的。军队扩大了5倍，党员人数增长了20倍"①。

1940年正是纳粹德国在欧洲最猖狂之时，英国奄奄一息，苏联隔岸观火，其他的欧洲国家基本上全部沦陷，万字旗飘遍欧洲。日本耗不起了，急于从中国战场抽身，投入太平洋战争，作出了要跟国民党决一死战的架势，沿长江而下攻打重庆，华北的日军要过黄河进攻陕西，从陕西南下入川，走当年忽必烈灭南宋的路线，两路夹击，一路自东向西，一路自北向南，占领四川，完成对国民政府的致命一击。

国民政府当时真是到了山穷水尽的地步。中国政府主要收入依靠海关税收，但是沿海全都被日军占领了，中国财政损失了90%，支出增加了好几倍。中国所有的汽油全靠进口，沿海沦陷，丧失了进口渠道。蒋介石看到小日本玩儿命，假意派人到香港跟日本谈判。

为了扭转抗日战场颓败不振的局面，八路军来了个刺激的，100多个团40万人在华北发动"百团大战"，到处出击。当时日军驻太原的第一军司令筱冢义男中将和他的上司华北方面军司令多田骏中将都被这种打法折腾病了，退役回国。百团大战一下弄倒两日军中将，跟诸葛亮骂王朗有一拼了。这次战役共进行大小战斗1800余次，攻克据点2900余个，歼灭日伪军45 000余人，给日伪军以沉重打击，鼓舞了中国军民抗战的斗志，增强了必胜的信心。

"三光政策"忒歹毒

日本在沦陷区大肆掠夺，东北的物资配给完全为日本扩大侵华战争服务。日本努力把东北变成为战争服务的重工业基地。对于关内沦陷区的炼煤、炼

---

① 引自《剑桥中华民国史·下卷》，中国社会科学出版社，1994年1月出版。

焦、电力等工业企业，完全控制，大量发行没有准备金的伪钞，用通货膨胀的办法搜刮沦陷区民众。同时推行奴化教育，企图泯灭中国民众的民族意识，培养他们成为顺民，沦陷区人民痛不欲生。

1941年，日军对敌后根据地进行扫荡，实行"三光政策"，对敌后烧光、杀光、抢光。日本人为了搞"三光"，连部队的编制都发生了相应变化。日本一个中队下辖三个小队，分别是放火小队、投毒小队、抢劫小队，然后去扫荡。冀中平原"无村不戴孝，处处有哭声"，中国军民死亡人数超过80万。而这时候的国民党发动"皖南事变"①，伏击了新四军军部和三个直属团，新四军造成了很大的牺牲。

中国战争题材的电影，很少揭示战争的残酷性。小时候看过电影《地道战》、《地雷战》、《小兵张嘎》，让人觉得打仗是很好玩儿的事儿。日本鬼子特别蠢，随便埋个炸弹，小日本一踩就炸上天去了，日本人特好对付。实际上日本史料里说，中国的地雷炸不死日本人，炸药得是兵工厂生产的，民兵做的里头是火药，日本人踩上地雷后，最典型的反应是，首先肯定吓一跳，然后成大黑脸，真正炸死的不多。

困难困不住智者

在这种情况下的反扫荡斗争是困难的，敌后伤员动手术没有麻药，甚至没有手术锯，个个都是关云长，刮骨疗毒。没有绷带，没有被子盖，活活冻死。政府机关办公没有纸，条件异常艰苦。为了克服抗日根据地的困难，1942年，敌后抗日根据地进行了一系列建设。

---

① 皖南事变是抗日战争时期国民党辖下的国民革命军第三战区部队与新四军之间的一次冲突事件。新四军奉命北上到日寇后方开展游击战争，到达茂林一带时，突遭国民党军队7个师、8万余人的包围袭击。因寡不敌众，除突围2000多人外，其余3000多名指战员皆伤亡。

首先，实行三三制原则，在敌后抗日根据地的政权里，共产党员、"左"派人士、中间派，各占三分之一。团结社会各阶层，形成了统一战线性质的政权。当时很多人投奔延安。

其次，地主减租减息，农民交租交息。在这一时期，需要团结一切可以团结的力量来进行抗战。由此提出了"地主减租减息，农民交租交息"。地主虽然收入减少，但土地所有性质没有改变，有助于稳定地主阶级，使其支持抗战。农民交租交息，虽然不能做到耕者有其田，但已经减少了农民的负担，可以有效地发展生产。

再次，后方开展大生产运动。八路军所在的后方被敌人全线封锁，毛泽东号召革命战士一手拿锄头一手拿枪，自己动手，丰衣足食，发展经济，保证供给。这样一来，后方留守的部队开荒、种地。中共中央副主席、中央军委副主席、八路军代参谋长周恩来模范地实践了毛泽东的号召，在自己的办公室里置一纺车，工作之余劳动，天天纺线。大生产运动为抗战奠定了物质基础。

最后，整风运动。用马克思主义思想教育全党，反对主观主义、反对宗派主义、反对党八股。抗日战争在如此艰苦的环境下，能够坚持下来，关键就是要有坚定的信念。通过整风，全党达到了高度的团结和统一，统一在毛泽东的旗帜下。

当年，王明从苏联回到延安，与毛泽东分歧很大。延安著名的抗日军政大学，吸引北平、上海、天津等地向往革命的热血青年投奔而来。平整出一块平地，大家每人拿一个板凳，队列前面放一块黑板就是教室。老师都是共产党的领导人，到那儿轮番去讲课。王明的课很受欢迎，大家忘了他的性别，称他为"王明妈妈"。王明跟大家说，最重要的事情就是要学理论，学好理论，才能掌握马克思列宁主义的精粹，才能为革命作贡献，大家要到苏联留学，去学理论，学生们听了悠然神往。下一节课毛泽东来了，一张嘴就是我们要到农村去，跟农民结合开辟敌后根据地。学生们很惊讶，党的两个领袖发出了两种不同的声音，一个让我们去苏联，一个让我们上农村，听谁的？

延安整风运动，全党高度地团结统一，确定了毛泽东的领导地位。抗日战争爆发时，毛泽东在中国共产主义运动中的地位在同辈中居于首位。但至少有两个对手直接向他挑战，他们是张国焘和王明。共产党内部理清思想，毛泽东拥有对党和军队的绝对领导权，这可是经历过艰苦卓绝的斗争才得以实现的。

07. 扬眉吐气在今日

强弩之末

1941年太平洋战争爆发，美国参加到反法西斯战争中，中国与苏美英结成四大盟国。日本同美国国力悬殊，日本打美国实际上是在赌国运。

日本偷袭珍珠港时，两国钢产量是1：9，石油产量是1：25，美国在二战时生产军用飞机297 000架，航空母舰101艘，强大的工业实力日本难以望其项背。美国采取先欧后亚的战略，主要力量投入欧洲攻打德国。美军沿着日本周边海域撒了一圈水雷，困死小日本，船一出海就触雷。如果侥幸没有触上，大洋当中、台湾海峡遍布美国潜艇。美国核动力航母服役之前，世界最大的航空母舰是日本的信浓号，排水量6万多吨，下水15个小时被美国潜艇击沉。日本与南洋诸岛的海上联系被美国切断，80万残兵败将在南洋诸岛上自生自灭，日本急于打开一条从中国哈尔滨到越南的陆上交通线，援助南洋孤军。

日本发动豫湘桂会战，累计参战兵力51万，中国军队累计参战兵力200

万。国民党当时都以为日本必败，未曾料到日军临死前回光返照的一击，令中国丧军失地，一溃千里，丢掉20余万平方公里的领土，几千万同胞沦为亡国奴。

当时中国的精锐部队在一个次要战场——缅甸。美国将军史迪威要求中国把军队派到印度来，加强驻印军，从印度反攻缅甸，以打破国际交通线断绝的状况。蒋经国在后方发出号召，"一寸山河一寸血，十万青年十万军"，十多万知识分子，投笔从戎，组成了国民党最精锐的青年军，大部分都送到印度。国内的部队是壮丁、草鞋军，一个排一条毛巾，一人红眼病全排红眼病。这样，豫湘桂战场大溃败。不过日本终归是强弩之末，到日寇投降的时候，所谓大陆交通线也没能全线通车。抗战就要胜利了。

1945年，中共召开了"七大"，巩固延安整风的成果，毛泽东发表《论联合政府》的报告，主张同国民党建立联合政府。大会确立了毛泽东思想为党的指导思想。

日本霸图空

国际战场的形势发生了巨大变化，1945年7月，中美英三大盟国发表《波茨坦公告》，督促日本无条件投降。日本首相断然拒绝，不予考虑。当时日本陆军大臣公开叫嚣一亿国民"玉碎"。日本要战斗到底，全民动员，家庭妇女、和尚、相扑手手持弓箭、竹矛、祖传的宝刀对抗美国的坦克、战列舰、B-29重型轰炸机。美国看到日本本土37.7万平方公里的精神病院，关着7500万疯子，打这个地方要有100万的伤亡，不划算。于是美国决定让日本尝尝第三次科技革命的最新成果，丢了两颗原子弹。

1945年春，日本在败局已定的情况下寻求迅速结束战争之途，为了进一步打通粤汉铁路南段，在湘粤赣边区发动一次攻击。冈村宁次还部署华北方面军进攻老河口等地的空军基地。同年4月1日，美军开始在冲绳登陆，日军战况不利。中国方面军作出部署，反攻桂林、柳州，收复广西。

1945年8月7日晚9时，苏联外长莫洛托夫紧急召见日本大使佐藤尚武，告知准备对日宣战。佐藤听完，不光左边疼，浑身都疼了。三个小时后，苏联红军出兵中国东北，三个礼拜，关东军灰飞烟灭，日本移民东北的梦想就此破灭。

8月15日，日本天皇再难坚持，发表了《终战诏书》。日本国民第一次在广播中聆听到了天皇陛下的声音，9月2日在东京湾美国密苏里号战列舰上签署投降书，9月9日，中国战区受降仪式在南京举行。八年抗战，中国军队取得了最后胜利。

一雪国耻

抗日战争是中国100多年来第一次取得的反帝斗争的完全胜利，极大地鼓舞了民族自尊心和自信心。中国不仅收回了九一八事变后日本侵占的领土，也收回了甲午战争失败后割让给日本的台湾、澎湖列岛，一雪国耻。

中国的抗日战争为世界反法西斯战争的最后胜利作出了自己的独特贡献。罗斯福总统的儿子问，为什么要援助中国？罗斯福总统跟儿子讲，你想一想，如果中国崩溃了会发生什么事情？几十个师团的日本兵从中国战场抽调出来，毫不费力地武装起500万同样是黄种人的中国人向我们进攻，他们可以占领东南亚，占领澳大利亚，占领印度，打到高加索跟德国人会师，如果这一切发生，将是基督教文明的末日。中国为保卫民主世界、文明世界作出了相当大的贡献。

盟国对我们的帮助作用是很大，但是我们自己熬出来的胜利更不容易。

中国抗日战争的胜利，从根本上改变了中日两国的关系。自鸦片战争以来，受尽屈辱的中华民族终于能够长舒一口气。中国国际地位得到了极大的提升，1945年联合国一创建，中国就是五大常任理事国之一，这都是拿鲜血与生命换来的。

这个历史挺靠谱

第六章

五星红旗迎风飘扬

（解放战争）

01. 硝烟中的谈判桌

装备上档次

第二次世界大战之后，根据雅尔塔体系内容，美苏两大霸权国家平分天下，中国在国民政府的统治之下，"有幸"成为美国的势力范围。美国积极扶持中国，国民政府与苏、美、英、法并列，成为联合国五大常任理事国之一，美国企图把中国变成亚洲的老大，以代替日本的位置。它希望日本的工业水平和人民生活水平，退回到20世纪20年代，不能高于遭到其侵略的亚洲其他国家人民的生活水平。美国担心若是共产党当权中国则会被拉入到苏联阵营，所以美国积极支持国民党。

在雅尔塔体系背后是美、苏和蒋介石政府间的一系列利益平衡。美苏试图为战后中国的政治发展作出它们都可以接受的国际安排。太平洋战争爆发后，美国领导人坚信，在东亚扶持起一个强大的中国，战时有利于打败日本，战后可以成为遏制苏联的屏障。美国不希望中国发生大规模内战，内战不符合美国的战略利益。因此，美国政府从1944年夏季开始直接积极地插手国共矛盾，试图找到既能维持蒋介石地位又能防止内战的办法。

在抗日战争如火如荼地进行当中，美国政府派出两个半官方组织到达延安，"迪克西使团"[①]和"赫尔利使团"。前者官方的主要使命是，"为了打败日本，统一中国的一切军事力量"。后者考察后向美国政府提交的

[①] 迪克西使团是美国派向延安的一支观察小组，"迪克西"意指美国内战时期叛乱的南方诸州，在这里则暗指陕北解放区。

报告，无论从当前美国对日作战方面考虑，还是从战后美国保持在远东长远利益出发，都应放弃只单纯支持蒋介石的错误政策，避免把美国的利益同蒋介石集团的命运捆绑在一起，可惜并未引起美国当局的注意。

后来，美国扶蒋反共，是害怕一旦共产党掌握政权，倒向苏联，中国成为苏联的势力范围。这种顾虑其实是出于对毛泽东与共产党的不了解。

抗战胜利后，美国邀请中国、英国、新西兰、澳大利亚和印度执行占领日本的任务，当时给我们划定的占领区是四国岛，中国派出了一支部队，准备去占领日本，挂出牌子"中华民国驻日占领军司令部"。虽然由中、美、英、苏四国成立了管制委员会，对日管制，实际上占领日本的是美国。英国所派军队不过3000多人，中国派出了少量军队，两者都受美国控制。

美国给中华民国国民政府提供了59亿美元的援助。1949年毛泽东去会见斯大林，弄回了3亿美元。马歇尔计划给欧洲100多亿，90%无偿赠予。

二战结束，美国军用飞机的产量将近30万架，坦克6万多辆，火炮110多万门，航空母舰101艘。打完仗这些东西统统没用，美国把这些东西送人，光给国民政府的坦克就1000多辆，一辆坦克相当于中共军队一个营的火力。国民党军一下子鸟枪换大炮，个个膘肥体壮。

重庆谈判

八年抗战，除了胜利的狂欢外，满目疮痍的中华大地，更多的是衰败的经济，凋敝的民生，停滞的教育，流离的人民。抗战中直接经济损失达5000多亿美元，死亡1800多万人。抗战结束，最应该干的事是休养生息，进行建设。日本帝国主义被逐出中国后，国共之争再次成为国内外关注的焦点，人们担心内战在中国重演。

国内避免内战、和平统一的呼声很高，胜利后的国民党政府面临的最大问题是恢复其在全中国的统治，包括控制华中和华北被中共军队占领或包围的广大地区，以及从苏军手中接收东北。由于国民党军队在战争中被极大地削弱，龟缩于遥远的西南边陲，蒋介石根本无法实现短时间内聚集向中共军队发动战略进攻的军事力量。另外，蒋介石需要美国的支持，美国虽然支持他"军令政令统一"，但并不赞成他使用武力统一，苏联更是如此，绝不会接受国民党用武力消灭中共。

因此，蒋介石一方面备战，一方面为安抚民心，发动和平攻势，接连三次发出电文，邀请中共领袖毛泽东赴重庆参与谈判，讨论双方之间悬而未决的问题。中共中央认为抗日战争阶段已经结束，新的阶段是和平建设，应当力争一个和平建设时期，避免内战或使全面内战尽可能地推迟爆发。毛泽东等在美国驻华大使赫尔利、国民党政府代表张治中的陪同下，从延安乘专机赴重庆。

1945年8月28日，毛泽东在机场向新闻界发表了简短的谈话，指出目前最迫切的任务，是保证国内和平，实现民主政治，巩固国内团结，以期实现全国统一，建立独立、自由与富强的新中国。毛泽东亲自到重庆谈判，中国共产党争取和平、民主、团结的诚意受到全国人民的热烈欢迎和拥护。毛泽东到重庆后，蒋介石尽管作出了以礼相待的姿态，但由于国民党本来没有和谈的诚意，没作谈判的任何准备，谈判的程序、议案均由共产党方面首先提出，才使谈判筹备工作得以基本完成。

在重庆期间，国共两党整个谈判过程几经周折，充满了激烈的政治斗争。斗争的焦点是军队和解放区问题。

在军队问题上，国民党处心积虑地要取消中国共产党领导的人民军队，中国共产党在长期的革命斗争中深深地认识到，没有人民的军队便没有人民的一切。但为了争取和平，共产党在谈判中做了必要的让步。中国共产党提出公平合理地整编全国军队，表示中共领导的军队可以大量削减。当时人民军队人数已超过100万，共产党方面提出改编为48个师，而当时国民党的军队为263个师。但国民党方面断然否定中共的提议，苛刻地要求"中共军队之组编，以12个师为最高限度"，甚至要求共产党"交出军队"。其后共产党又进一步作出让步，同意国民党263个师，共产党43个师，比例接近7：1。国民党方面提出军队将编至140个师，中共方面提出可相应改编为20个师，双方军队比例仍为7：1。经过共产党多次让步与力争，国民党方面才表示"可以考虑"。

关于解放区问题，中国共产党提出解放区民主政府的存在是革命发展的结果，它受到人民的支持和拥护。从谈判一开始，共产党方面就提出"承认解放区及一切收复区的民选政府"，但国民党方面则表示"承认解放区绝对行不通"，将解放区斥之为"封建割据"。争论最激烈的军队和解放区问题一直悬而未决，谈判一度陷于停顿。

为使谈判获得进展，中共方面先后做过多次让步。10月上旬，谈判获得进展，毛泽东表示国共双方在一起商量团结合作、和平建国问题具有重大的历史意义，强调"和为贵"，一定要用和平的方针来解决两党的争端。10月10日，国共双方代表王世杰、张群、张治中、邵力子和周恩来、王若飞共同签署了《政府与中共代表会谈纪要》，即《双十协定》。《纪要》就和平建国的基本方针、政治民主化、国民大会、党派合作、军队国家化、解放区地方政府等12个问题阐明了国共双方的见解。其中有的达成了协议，有的未取得一致意见。国民党方面接受了中共提出的和平建国的基本方针，承诺要坚决避免内战。

重庆谈判的内容比较务虚，提出坚决避免内战，但不好操作。唯一可操作的就是召开政治协商会议，两个问题争论激烈，军队国家化，政治民主化。解放区自卫战争的胜利和国民党统治区反内战运动的高涨，迫使国民党政府按照《双十协定》的要求召开政治协商会议。

战场、谈判桌遥相呼应

国共还在重庆谈判期间，武装冲突就已不断。东北、华北是中共战后战略的重点。平汉、平绥和津浦铁路沿线早已战火纷飞。毛泽东在兵力处于劣势的情况下，鼓励大家不要怕。我们希望和平统一中国，但是蒋介石来势凶猛，对我们的压力很大，除抵抗之外，别无他法。不打肯定被消灭。我们主张和平，但不屈服于武力，打而胜之的可能性很大。国共双方一面在战场上彰显自己的军事优势，另一方面在谈判桌上唇枪舌剑，战场上的胜败，会增加或削弱谈判桌上的筹码，而为争取社会舆论与人心，谈判不得不继续，而且为战争所不能代替。

国共双方在华北发生大规模军事冲突的时候，国共交涉暂时中断，国共两党在政治、军事上重新对抗，谈判无法继续。激烈的武装冲突和国内剑拔弩张的气氛，引起了社会各界的担忧。国内中间党派及各方力量强烈呼吁继续和谈，美国一直希望中国能够和平解决内部争端。美国于1945年12月，再次派马歇尔将军来华，作为美国总统的特使，调解处理国民党和共产党之间的关系。

1946年1月，美国马歇尔将军、国民党代表张群、共产党代表周恩来组成三人调解小组，调解国共军事冲突。

中国共产党不希望再开战事，但国共两党绝无组织联合政府、和平共存的可能。将中国共产党的军队国家化，将中国共产党的部队编入国民党军队的建制，要共产党缴械，是在让共产党自寻死路。毛泽东说："和谈是另一次战争的政治准备。"战争初期，共产党在军事上并没有占据上风，便往狗嘴里扔扔骨头，投其所好。

谈判是另一场战争。日本刚刚投降，朱德总司令马上下七道命令速遣中共军队往东北、华北占领沦陷区。尽最大的可能争取和平，也要尽最大的可能维护人民的利益。

至于谈判，马歇尔调停初期，共产党在军事上还未占上风，但谈判桌上的周恩来，与东北战场上的军队统帅林彪遥相呼应，中共军事失利，谈判姿态随即软化，一旦得利，姿态马上转为强硬，一松一紧，政治谈判与军事冲突交相运用。在马歇尔调停期间，中共的会议战术，运用得出神入化。马歇尔面对周恩来这样一个足智多谋的谈判高手，在会议桌上，当然只有被牵着鼻子走的份。①

马歇尔赴华调停，手中有一张王牌：美援。马歇尔动辄以切断美援威胁国民党就范，停止军事冲突与共产党组织联合政府。当国民党屡次不听话的时候，马歇尔果然下令禁运美国军火到中国，蒋介石吃尽了苦头。但中国共产党的部队却不依赖美援，所以马歇尔对我方并无约束力。马歇尔把自己置于了两难的境地。

出力不讨好的调停

可怜的马歇尔，完全不了解中国的国情，怀揣理想来到中国。他希望把中国改造成一个像美国一样的国家，执政政府包容其他党派，包容共产党，包括其他民主党派，成立一个联合政府，由一党独裁，走向多党执政，双方交出军权，军队隶属于国家。这样民主国家的体制在中国基本上就可以具备了，军队国家化、政治民主化，也就实现了。可惜他对中国的认识过于肤浅。

毛泽东对于这段历史有过这样的描述："1946年1月，国民党政府的代表和中国共产党的代表签订了'停战协定'，发布了停战令。并组成了有美国代表参加的'三人小组'，和'北平军事调处执行部'。在所谓的'调处'期内，马歇尔使用各种狡计，首先在东北，后来又在华北、华东、华中，协助国民党军队进犯解放区，并积极训练和装备国民党军队，供给蒋介石以军火和大量战略物资。至1946年6月，蒋介石已将国民党正规军总兵力（大约200万人）

---

① 参阅《解放战争的转折点：揭开四平之战的内幕》，《世界博览》2009年第14期。

的80%调集到进攻解放区的前线，其中有54万多人是美国武装部队直接用军舰、飞机帮助运送的。蒋介石在布置就绪后，于7月发动了全国规模的反革命战争。接着，马歇尔就在8月10日和美国驻中国大使司徒雷登发表联合声明，宣布'调处'失败，以便让蒋介石放手打内战。"[①]

马歇尔的调停并不招毛泽东的喜欢。美国不过是在帮助蒋介石争取时间调度而已。但共产党同样需要时间，也不希望战火再起，生灵涂炭，希望借此机会能够促成国内和平，调停的结果却并不尽如人意。而蒋介石觉得有了特使，自己时时受制于人，总有人处处与自己作对，让自己坐失良机。这位美国将军两边都讨不到好，只得败兴而归。马歇尔将军几乎是在一片骂声中离开中国的。

根据调停精神，1946年1月10日在重庆召开的政协会议，国民党、共产党、民主同盟、青年党、无党派人士共38人参加。会议围绕改组政府、施政纲领、军队改编、国民大会、宪法草案等问题进行了激烈的争论。会议通过了《关于军事问题协议》、《关于国民大会问题的协议》、《关于宪法草案问题协议》、《和平建国纲领》、《关于政府组织问题协议》。这些协议的签订是中国共产党和民主党派、爱国人士与国民党斗争取得的一次胜利。但是国民党很快撕毁了这些协定，发动了全面内战。

中国从尧舜禹时代开始，几千年了已习惯于服从一个人。在这块土地上，不可能产生华盛顿、拿破仑，只能产生刘邦、朱元璋这类人物。蒋介石坚信天无二日，国无二主，有我没你。所以政协会议无果而终，中国失去了一次走向和平民主的机会。

[①] 引自《毛泽东选集》第四卷，人民出版社，1991年6月版。

02. 战火熊熊燃遍天

蒋介石的自信

抗战后共产党军队已经发展到了130万，还有200万民兵，解放区19块，100万平方公里，1亿多人口。国民党始终不愿容忍共产党的存在，不愿意作出必要的政治让步，自抗战结束以后，蒋介石就准备以军事手段解决共产党，暂时的和平不过是战事准备阶段。面对国民党的战争威胁，共产党自然不能就此退缩，而是坚守政治底线，准备武装抗争。

国民党之所以敢于同共产党再次翻脸，发动全面内战有其本钱。即便在抗日战争中，消耗巨大，但在与战争直接相关联的军事实力对比上，国民党还是大大超过了共产党。全面内战爆发前，国民党军队有陆军86个军，248个师，200万人，非正规部队74万人，特种兵36万人，后勤后方机关和军事院校101万人，海陆空军19万人，正因为国民党拥有强大的战争机器，因此对于同共产党的战争有着充分的自信。当国民党军队在东北四平取得一时的胜利时，更使蒋介石颇为自得，认为已有资本与共产党进行实力较量。

对于如何打赢共产党，蒋介石有自己的一套逻辑。他认为，交通是现代战争最紧要之处。控制了都市就能控制住交通。都市是经济政治文化中心，人才、物资都集中在这里，能够供给军队，提供支持，是水陆交通的要塞。这样，共产党即使拥有大片土地，也会被国民党的交通线分割截断，后勤补给会觉得困难，不管怎样，控制了交通要塞，共产党的军队永远都处于国民党部队的控制范围，始终处于被动挨打局面。没有大城市作为根据地，共产党的部队只能算是"流寇"。出于这种考虑，国民党在全面内战开始后，将重点进攻始终放在共产党根据地的城市和交通线上，而共产党部队还是采取惯常的运动战，很少固守城市。就国民党兵力和作战能动性，不足以凭借交通切断共产党部队的运动转移，蒋介石阻止共产党军队流窜成为空谈。

同窗之间，刀兵相见

为了应付内战需要，国民党军必须维持一定的兵员数量，为此不得不依赖高强度的征补。国民党一贯不得民心，它的征补很困难，基本上靠强迫，抓丁拉夫就是常事。士兵不知为谁而战，缺乏作战积极性，并在不断的战争中投降中国共产党，所以国民党难以维持一支稳定而有战斗力的部队。而共产党发展出一线部队（野战部队）、二线部队（地方部队）、三线部队（民兵）逐级迅速递补的完整机制，并特别注意以实际利益鼓励农民参军，争取国民党士兵投诚反正。在华东野战军中，一些部队的投诚战士已经达到一半以上，技术兵种基本上都是投诚过来的。共产党的武器装备，基本上是从国民党军队缴获的，尤其是重型武器。据统计，在3年半的全面内战期间，国民党军队有180万人起义，接受和平改编和投诚，共产党共缴获接收5.4万门火炮，机枪31.9万挺，长短枪316万余支，海军舰艇74艘，当时中共的宣传将国民党军队比作运输队。

虽然共产党对于内战的爆发从上到下都有了较为充分的准备，但是与国民党相比，中共毕竟处于弱势，决定与国民党破裂，打一场全面战争并非易事，部分中共高级干部也对战争前景表示担心。因此，中共还是希望全国内战的时间尽量推迟，能够有充分的时间准备。这也是中共在6月的和谈中不惜作出重大让步的主要原因。但是国民党不愿意给中共以准备时间，毛泽东反复思考，经过很长时间才下定决心，面对强大的对手，毛泽东有坚持到底的决心与魄力，他告诫中共干部，对美蒋的压力，我们应该有所让步，但主要的政策不是让步而是斗争。

共产党鉴于自己在战争实力上的劣势，很早就对各根据地进行战事总动员。要求各地能够迅速行动，充分准备，从和平状态转入战时状态；在军事战术上强调运用运动战、歼灭战，集中优势兵力，各个歼灭敌人，不以保有城市为目的。在作战部署方面，中共特别注意强调各战区之间的配合，并随着战争进程不断改变自己的部署。全面内战爆发前，中共以人数不多的中原部队吸引了大量的国民党部队在其周边，减少了其他地区的压力。

国民党军有不少新晋的指挥官，如杜聿明、孙立人等人在抗日战争中就崭露头角，让日本人闻风丧胆，但是国民党部队有很多裙带关系，论资排辈，人事关系复杂，这对于国民党军队战事成败影响巨大。中共注重发挥彭德怀、刘伯承等老一辈战将作用的同时，放手让经过实战磨砺的年青一代战将作战指挥，40岁左右的林彪、粟裕、陈赓等成为中共在内战中崛起的新一代将领的代表，他们独当一面，出色地运用大兵团机动作战的指挥能力为中外军界所公认。

国共经过长年作战，将领彼此之间都很熟悉。辽沈战役时，国共双方战地主帅都是黄埔学生，这次战役以国民党大败而告终，蒋介石气昏了头，大发雷霆："林彪是四期的，而你们是一期，全是一期的，教官打不过学生，一期打不过四期！"

神州大地再起战火

国共全面内战以中原战事为开端。抗日战争胜利后，新四军第五师李先念部队、河南军区王树声部队以及八路军三五九旅南下支队王震部队，在平汉路西的鄂北豫南会合，组成中原军区，李先念出任司令员。共产党在重庆谈判时曾经提议要让出这一区域，但是后来形势变化，要求中原部队在现在位置留守，吸引国民党部队，使得解放军在北方能够有发展空间。但是中原根据地在此处建立时间不长，且地域狭小，回旋余地不大，数万大军再次云集，后勤明显供给不足，且孤悬于中共其他根据地之外，无法取得他们的呼应与支持。共产党提出中原部队转移问题，被蒋介石断然拒绝。实际上，国民党早将孤立在外的共产党中原部队作为其歼灭对象，调动大军将其重重包围，只待时机成熟准备下手，实力远不如国民党的中原部队，处境危急，随时有被剿灭的危险。

随着东北战事的升温，国共武装对峙的加剧，中原地区的战事一触即发。蒋介石频繁调动国民党党政军高层在各种场合进行战事动员。郑州绥靖公署主任刘峙动员了数倍于解放军部队的8个整编师18万人，准备一举歼灭解放军中原部队。

刘峙曾任黄埔教官，一向很受蒋介石的赏识。1930年的中原大战结束后，蒋介石就任命刘峙为河南省主席。不过刘峙好赌；同僚为其设宴饯行，刘就把第一军一个月的军饷输了个精光。刘峙只得躲起来不去上任。蒋介石找到了他，逼他说明原委。刘峙只得老实承认自己输光了。蒋问：是现款还是账据？要是账据，蒋介石可以凭借其领袖身份帮他赖掉，估计蒋介石也经常干些为部下赖账的事，可惜刘峙输的全是现款。蒋介石斥责刘峙误事，令其赶紧上任。输掉的现款蒋介石替他承担一半，又借给他一半，这才了了这桩债务。

在刘峙的猛烈攻势下，让人觉得神奇的是，中原部队获悉国民党部署后，快速突围。中原军区负责人出乎国民党意料之外地从国民党部署薄弱地区突围而出，转向豫陕鄂交界处的山区活动。很快，李先念部队、王震部队、王树声部队竟然分别在平汉路信阳段成功地越过了平汉路。而负责担任掩护任务的部队声东击西，利用国民党空隙突出包围，向苏皖地区挺进。

中原部队的突围行动大大超出了国民党的预料，他们采取疯狂的围追堵截措施，就这样，停战令颁布后相对平静的局面终于被中原战事所打破。内战的战火从东北烧到中原，国共之间大规模的战争在苏中、苏北和皖中爆发，华东战场举国瞩目，华夏大地又重新笼罩在全面内战的战火之中。

打的就是王牌

1946年全面内战爆发后,华东一直是国共的主战场。我华东部队在国民党优势兵力逼迫下,从苏北逐渐退向山东,山东成为华东战区的主要战场。在山东,国民党仅陆军司令顾祝同就直接指挥有24个师,60个旅,45万人。这些人集结成三个兵团,向山东中部山区推进。山东面临一场激烈对抗,华东野战军在陈毅和粟裕的指挥下,积极寻找战机。

为了加强对抗,年底,国民党让4个师开进苏北,整编二十六师开进速度最快。由于行进速度过快,二十六师师长已经感觉兵力薄弱,前后没有援兵,孤立得很,他希望自己能够向后撤退。陈毅抓住此次战机,集中山东和华中野战军主力,突然出击。恰逢此时师长大人不在,前方群龙无首,军心涣散。当天天降大雨,道路泥泞,快速纵队的战车完全使不上劲儿。作战当天,二十六师和第一快速纵队就这样莫名其妙地被全歼。此处战争刚结束,陈毅便命令军队立刻向国民党整编第五十一师发动攻击,两师师长被俘,短短几天国军损失惨重。

1947年2月,山东野战军和华中野战军合编为华东野战军,联合作战。此后,解放军一次次打退敌人进攻,国民党军队在各个战场上的攻势最后不得不停顿。1947年4月1日,国民党各部在山东做最后一次大规模的攻击。他们打通主要铁路干道,为大规模的调动兵力作准备,逼近华东野战军指挥中心,企图以此扭转战局,一举消灭解放军。

国民党部队此次相当谨慎,稳打稳扎,并且不以一地的得失轻易改变攻打计划,华东野战军几次诱导对手犯错都未达成企图。尤其是汤恩伯部队,一旦发现华东野战军稍有威胁,就调整部署,向后收缩,解放军一时无法下手,战争环境很是压抑。

战争就此陷入了僵局。谁都希望能够打开缺口，华东战局能有所突破，但双方谁也不敢轻举妄动。华东战场形势，牵动着中央军委的心。毛泽东时时关注华东战场。他提醒陈毅、粟裕：忍耐，忍耐，再忍耐。遵照中央指示，华东野战军主力主动后撤，等待时机。这一行动，果然迷惑了蒋介石，他看到解放军后退，认为解放军攻势疲惫，无力决战。蒋介石亲自赶到徐州、济南部署兵力，并下令各部跟踪追剿华东野战军。

战场上的僵局就此打破，汤恩伯终于未能按捺住性子，急于立功讨赏，一改此前稳扎稳打的战法，等不及各友邻兵团统一行动，就贸然发动进攻，矛头指向华东野战军指挥部。汤恩伯之所以敢于发动进攻，是仗着有整编七十四师。整编七十四师，是全美械装备，作战凶猛，机动性强，官兵素质在国民党军队中堪称一流，是国军的精锐师，师长张灵甫更得蒋介石的宠信。自从内战全面开始后，整编七十四师就是急先锋，先后攻占华东的几个重要城市，气焰嚣张。国民党内部有"有十个七十四师，就可以统一中国"的说法。张灵甫向来不把中共军队放在眼里。华东人民解放军早就想灭掉张灵甫的嚣张气焰，他们一听说马上要打整编七十四师，个个摩拳擦掌。一场恶战就要开始了。

汤恩伯以整编七十四师为骨干，整编二十五、八十三师为左右两翼配合，飞速向解放军所在地突进。陈毅、粟裕一直关注七十四师动向，不可否认，七十四师进展神速，对华东野战军的威胁很大。而且七十四师光友邻部队就有十多个师，距离都很近。七十四师本身战斗力超强，一旦华东野战军与之交火，如果不能短期内获得胜利而处于胶着状态，境况就会非常危急。粟裕从情报部门截获的相关消息，得知汤恩伯命令整编七十四师攻占坦埠，他认为有利的战机出现了。他提议抓住整编七十四师孤立突出、骄横轻敌的弱点，利用士兵欲与七十四师一较高下的气势，一改我军先打弱敌的传统，迅速集中绝对优势兵力，攻其不备，歼灭整编七十四师。

这是一次险中求胜的战役，陈毅十分赞成，中央希望能够发挥部队作战的主动性与灵活性。华东野战军指挥部作出决定，于百万军中取张灵甫首级，部署5倍于七十四师的兵力进行围歼，4倍于七十四师的兵力担任阻援任务，誓死一战。

第二天，华东野战军全线发起攻击，经过1天激战，将七十四师合围于孟良崮地区。七十四师遭遇到华东野战军的正面攻击，而且它的左右两翼友邻部队在野战军攻击下向后撤退，自己陷入了孤立无援的境地。七十四师到这时候，才明白了华东野战军的战略意图，也明白了华东野战军要吃掉自己的决心。张灵甫已有撤退之意，无奈华东野战军以双腿赛过汽车的速度，占领七十四师撤退的必经之路，彻底切断了七十四师的退路。张灵甫只得硬着头皮作战。

蒋介石听到自己的王牌军陷于重围，立即由南京飞到徐州督战。不过，蒋介石还是过高地估计了自己的力量。他一面严令张灵甫固守阵地，以七十四师为中心，死死拖住敌人；一面紧催10个整编师火速向孟良崮靠拢，内外夹击，实现反包围，歼灭华东野战军主力，结束山东战事。这样一来，张灵甫根本是毫无退路，只得豁出去，盘踞孟良崮，等候援军。

华东野战军几乎也陷入了毫无退路的绝境，他们面临的形势十分险恶。战斗不能再拖，我军必须迅速解决整编七十四师；还要挡住增援之敌，为歼灭整编七十四师赢得时间。张灵甫的援军离主要战场孟良崮不过一两天的路程，为此，陈毅、粟裕都到第一线督战，率领部队冲锋，力求歼灭七十四师，活捉张灵甫！

华东野战军目的明确，方向清晰。有了指挥员的一线督战，士气高涨，5月15日，我华东野战军发起总攻。张灵甫此时差不多到了山穷水尽的最后关

孟良崮战役

头，兵力不济，步炮火力不足，投补极其困难，人员、马匹完全暴露在对方炮火之下。但张灵甫依旧负隅顽抗，垂死挣扎。孟良崮战役激烈的程度，为解放战争以来所罕见。

野战军以死相搏、志在必得的劲头把张灵甫逼上了绝路。张灵甫在最后时刻，频频向各方呼救。蒋介石严令各路援军前进，甚至发出了死命令："如有萎靡犹豫，逡巡不前或赴援不力，中途停顿，以致友军危亡，必定以畏匪避战，严究论罪不贷。"

蒋介石先后命令出动飞机493架次，进行侦察、轰炸扫射和空投支援，都无济于事。增援最快的整编二十五、八十三师与七十四师相距仅5公里，炮弹已能打到孟良崮，却依旧在战线前沿徘徊。国民党部队每次实战，临到最后关头，还是考虑自己安危，裹足不前。张灵甫万万没想到，以自身强大的实力，会在周边10万援军的坐视中被歼。

孟良崮战役，华东野战军以伤亡1万多人的代价，歼灭整编七十四师3万多人，张灵甫最后与几名部下集体自尽。他在死前留有遗书："十余万之匪向我猛扑，今日战况更趋恶化，弹尽援绝，水粮俱无。我与仁杰决战至最后一弹，饮诀成仁，上报国家与领袖，下答人民与部属。老父来京未见，痛极！望善待之。幼子望养育之。玉玲吾妻，今永诀矣！"

这次战役的胜利，重创了国民党军对山东的重点进攻，迫使其暂时转入守势，同时有力地配合了陕北及其他战场的胜利攻势。

在国民党重兵环伺下，华东野战军迅速撤离战场，令蒋介石再决一战的计划落空。全歼整编七十四师，在心理上给其沉重一击，蒋介石曾经坦言，孟良崮战役的失败是内战以来最痛心、最惋惜的一件事，是无可补偿的损失。至此，国民党在山东的攻势暂时告一段落。

张灵甫作战之骁勇是公认的。早年，在对日作战中，张灵甫在战火中断了一条腿。孟良崮战役后，解放军最后从死人堆里找出一具装有假肢的尸体，得以确认其身份。对于张灵甫的死，当年国民党方面为了稳定军心，曾大肆宣扬张灵甫"杀身成仁，为党尽忠"，蒋介石更在其《痛悼七十四师檄文》中说该师"饮水断绝，粮弹绝尽，全师孤立，四面受敌，即在阵地相率自戮者计有师长张灵甫等高级将领20余人，悲壮惨烈"。

物价翻着跟头涨

抗战胜利后，国内局势持续动荡不安。国民党接收了大量的日伪资产和美军的剩余物资，一下子就壮了！有钱了就容易滋生腐败，没钱到哪儿腐败去。对不期而胜的抗战，国民党没有充分准备，多少有些暴发户的感觉，有了钱不知道怎么用，甚至不知道怎么接收战后物资。国民党里头很多人贪污，弊端百出，民怨四起，国民党官员做的就是激化矛盾，全无形象可言。国民党统治区，怪事有一桩，物价只会往上涨，这样国民党因抗战胜利而得之不易的威望和信誉迅速由高峰降至低谷，直接影响到国民党执政的稳定性，失人心者失天下，这也是国民党失败的伏笔。

抗战初期，青年学子满怀热情，纷纷准备复员，后方学生运动一时较为沉寂。抗战期间，国民党在后方各大学逐渐加强党化教育，和共产党争夺学生。国民党统治时期，一直没有放松教育，各地的高等院校数量不少。共产党以严密的地下组织为骨干，加强学生工作，提出一套切中学生思想命脉的方针。抗战胜利不久，国共武装冲突接踵而至，引起社会各界的不安。1945年底，昆明各大学学生自治会组织多次时事演讲，而国民党对于学潮的残酷镇压，令社会各界人士强烈不满。

从1945年抗战结束到国民党失败退居台湾，短短几年时间，国内局势急剧变化，国内经济也走过了一段十分艰难的历程。虽然国民党在战后提出经济恢复与重建计划，但政治经济环境动荡，计划没有办法付诸实施。

经济部为国民政府主管经济的部门，抗战胜利后，宋子文的主要工作即为恢复经济与重建。宋子文也算是哈佛经济系的高才生，本以为这哥们儿为拯救国民党经济而生，却在现实中不断碰壁，不过一年多，他就在黄金暴涨、经济失控的危机中下台。

国民党时期的经济，根本就是一个烂摊子，物资供应不足，财政收支严重失衡，通货膨胀等一系列问题不断。抗战以后，工商业经济的恢复与重建集中在轻工业部门和沿海城市，农业经济的恢复与重建受到国内局势的决定性影响。大规模战争对生产环境的破坏，征兵拉夫对劳力的占用，沉重的税赋负担，对农业生产的恢复与发展极为不利，不在国内营造一个和平环境，任凭你再牛的专家恐怕也无力回天。

国民党失败的一个重要原因，就是解决不了物价飞涨的问题。1945年抗战胜利物价跟1937年相比上涨了9400倍。

中国境内目前发现的面值最大的货币是国民党新疆省银行发行的金圆券，单张60亿元，一张钞票6后面9个零，60亿元的钞票，印了多少张呢？360多万张，360多万个60亿元，你算算得多少钱，电脑都能崩溃了。60亿元能买什么，据说能买100多粒米。所以那时候中国人人腰缠万亿，可惜不是富翁，两网兜钞票换一盒火柴，给死人上坟都烧真钱。因为纸钱太贵了，都烧真的，已经赶不上印它这张纸的价值了，所以物价涨了十多年，老百姓受不了。物价暴涨，一碗面条早上起来卖40万元，到晚上再卖，120万元了，一天的物价调7回。

剧烈的通货膨胀，钱不值钱，老百姓宁可用冥币，也不愿用国民党发行的货币。在国民党统治区，尽管国民党政府禁止金银、外币流通，强迫人民将手中黄金等值钱货兑换成国民党政府发行的纸币，但是并不能阻止金银、外币的广泛流通。实际上，金银、外币已经取代了金圆券，直接拿来交易。在乡村，由于银元、铜币都是不足额的货币，老百姓干脆实行原始的物物交换，粮食、布匹在许多地方成为市场交换的等价物，完全回到了远古时代。

国民党货币不值钱，招致外国货币蜂拥而来。除了美钞、港币广为流通外，英镑、法郎、新加坡币、越币、葡币、印度卢比、缅币等各式各样的外币，听过名字的，没听过名字的，几乎周边国家和华侨较多国家的货币在中国市场都能见到，当时的人也算是大开眼界了。由于经济恢复与重建的困难，国民党曾经对美国寄予很大的期望。宋子文以知美和亲美著称，战时曾经在美国从事争取支援的工作，战后自然也希望得到美国的支援。可是国民党战后混乱的局面让美国人不敢再往这个无底洞里投钱了。

国民党统治区的经济在1948年陷于崩溃。财政、金融、工商、农业样样都问题百出。多米诺骨牌效应，政治影响军事，经济危机诱发政治危机，国民党的统治从内部看，就已是命悬一线。经济危机不可缓解，引起社会危机的不可缓解，最终导致了国民党在大陆统治的总崩溃。

美国驻华大使司徒雷登在离开中国之际，不无惋惜地对国民党的将领说："共产党战胜你们的不是飞机大炮，是廉洁，以及廉洁换得的民心。"

03. 在对抗中攻守易置

东北败相已显

全面内战爆发后，共产党与国民党之间实力悬殊。解放军前期作战，作风稳重。毛泽东曾经对于战争全局有过这样的定位：对外战争必须打持久战，拖垮敌人；对内战争当速战速决，解决敌人。国民党军队战争目标与手段极不协调，导致出现了大量的战略失误，屡战屡败。

国民党高级将领的心理变化是复杂的，他们由战初对战争前途的自信，对中共的傲慢与轻视，转而对中共的战斗力和战绩感到吃惊，战场形势的不容乐观使得战斗士气极为低下。并且国民党内矛盾重重，党派纷争不断，国际援助无法取得突破，危机不断。解放军坚持不重失地，重视消灭有生力量的战略战术，逐步扭转了战争初期的不利态势。粉碎了国民党军队的重点进攻后，解放军适时主动地在中原战场上发动战略进攻，从而由守势转为攻势，实现了战争进程的重大转折。

在国共双方的军事较量中，东北具有代表性。抗战胜利后，东北成为战后全局工作的重中之重，中共大规模调兵首先进驻东北。蒋介石则将兵力部署的重心放在江浙等富庶地区，准备从苏联红军手中直接接管东北。当然，东北是土地肥沃、物产丰富、工业建设又比内地发达的一个区域，许多国民党将领也想在苏联军队击退日寇侵略者之后，分得一杯羹。

东北地域辽阔，国民党在东北有7个军20万人，加上特种部队和地方部队，总共不过40万人。经过战争的消耗，国民党在东北无力发动大规模的攻势，多数城镇只能以团、营为单位守备。而且国民党军在关内作战不力，兵力受到牵制，一时也无法向东北大举增兵，只能依赖东北现代交通特别是铁路交通较为发达的优势，将部队集结在交通要点，随时机动增援，弥补兵力不足的窘境。

四平位于南满平原的中心，联结三条铁路线，是东西南北满间的交通枢纽，为国民党军从沈阳北上长春、哈尔滨、齐齐哈尔的要地。在国共和谈时期，我领导人希望通过谈判，和平解决东北，能少打仗就少打嘛。后来共产党认识到，和谈是没有希望的，所以力求死守四平。在敌强我弱的形势下，坚持打阵地防御战，这种情况在遵义会议后共产党的历史上几乎没有。

我军在东北战场并不占优势，在国民党对我南满根据地最后一次进攻被击退后，林彪审时度势，认为在东北发动反攻的机会已经到来。林彪立即部署，主动出击，实行连续攻势作战和规模日益扩大的歼灭战，希望通过一个大逆转，改变东北战局。当时正值孟良崮战役国民党大溃败，蒋介石亲临沈阳，为部下打气。国民党当局非常紧张，四平如果失守，东北国民党南北联系将被切断，长春、吉林态势孤立，东北防御体系将不复完整。国民党吸取以往经验，行动较为谨慎，东北民主联军未能捕捉到战机，此时四平久攻不下，攻势已经明显疲惫，难以为继，在国民党南北逼迫之下，态势显得更加不利。中共对于城市攻坚战没有太多的经验，难以达到预期目的，林彪果断决定停止攻击。

此后，林彪更多地坚守其得心应手的运动战术，我军更多地发动攻势，东北战局果然发生了重大变化。四平战役结束后不久，东北成为中共在全国范围内第一个位居全面优势的战区，国民党军在东北只控制十分之一不到的地域，兵力大部退至铁路沿线极少数城市，完全处于守势。国民党内部甚至有人主张放弃东北，在关内集中兵力。蒋介石认为，放弃东北则失去了华北的屏障，必将影响到全盘战局，不断往东北派遣兵力，还对原有部队进行全面改组。新编部队战斗力不高，老部队被拆开，严重影响作战，在东北战场上，国民党军队已经显示出颓败之势。

千里挺进大别山

华东野战军根据中共中央指示，1947年，刘伯承、邓小平率领晋冀鲁豫解放军主力，渡过黄河，千里挺进大别山，随后，陈赓、谢富治率领晋冀鲁豫解放军一部，南渡黄河，进入豫陕鄂边区，不久，陈毅、粟裕率领华东野战军主力进攻豫皖苏地区。

刘邓部队渡河南进的行动，吸引了国民党从鲁中前线调出4个整编师增援，此外，国民党从其他各地调动部队，集中8个整编师，准备围歼刘邓部队，或者将他们赶回到黄河以北。刘邓部队因为连连作战，已经感到疲惫，大别山区道路崎岖，中原地区河流不少，还有很多是黄河泛滥区，行动很受环境影响。当时正是酷暑时节，还多雨。下雨的时候，道路泥泞，不利于快速行动；天晴时，烈日当头酷暑难当，沿路缺乏补给，刘邓部队行进得十分艰苦。

这正好让国民党对刘邓大军捉摸不定，他们以为该部队是在大军压境的情况下被逼无奈，只得南窜，就跟在刘邓屁股后面，在前方也不重兵布防。直到刘邓大军走出黄泛区渡过沙河，国民党部队才发现刘邓大军的战略意图。为了加快行军速度，刘邓部队都是轻装前行，对于紧随其后不过几十公里的敌军，如果不能在速度上取胜，抢先渡河则会陷入险境，形势十分危急。刘邓指挥部队在国民党全线布防之前，将重型装备全部炸毁，轻装前行，渡过淮河，到达了鄂豫皖三省交界的大别山地区，完成了突破任务。

华东野战军为了配合刘邓部队的行动，也为了调动集中在山东战场的国民党军队，寻找战机，本着只打小仗不打大仗的精神，摧毁国民党的统治基础。华东野战军外线部队因为连连苦战，兵力损失甚大，急需休息。毛泽东甚感焦虑，多次致电陈毅、粟裕，要求他们尽快赶往鲁西南，指挥华东野战军外线部队昼夜兼程急进，不怕疲劳，不要休息，不要补充，立即渡河以缓解刘邓部队所受的压力。

陈谢部队按照中央指示，以在豫西、陕南、鄂北建立根据地为目的，积极活动，与在大别山区的刘邓部队相呼应。

中共三路大军挺进中原，最后阻止了国民党在陕北和山东的攻势。此后，刘邓、陈粟、陈谢部队大举出击，迫使国民党不得不从山东调军大别山，从陕北调兵至关中，继续维持对这两处的攻势。国民党此时，已经是疲于应付了。毛泽东提出，以后把外线作战变为进攻，此后中共在军事上需要解决的问题，已经不是如何打破国民党军的进攻，而是如何大兵团作战，消灭国民党的主力部队，并攻克其坚固设防的大城市。

挺进大别山

04. 三局决胜负

辽沈战役定东北

1948年以后，国民党军事形势每况愈下，党内上下对战争局势都十分悲观。经过多年的战争磨砺，中共对与国民党的军事决战有了充分的自信。

国共两军决战的第一个战役仍是从东北开始。辽沈战役前，东北"剿总"总司令卫立煌，辖4个兵团，共计14个军44个师55万人。东北国民党军被分割在长春、锦州、沈阳三大孤立地域，没有战略后方，与关内联系被切断，难以得到后勤补给，部队士气低落，东北形势严峻。

1948年2月，蒋介石一度决定将东北主力撤到锦州，以便依托华北解决补给。蒋介石甚至有想法，如果情况不利，可以全线撤退。卫立煌认为敌前撤退是兵家大忌，同时对于是否能够长途撤退没有十分把握，不敢担当由撤退导致失败的风险，因而主张坚守。卫立煌的主张得到了大多数东北国民党将领的支持，蒋介石一时进退两难，难下决断。

后来，蒋介石急于打通沈锦线，将主力撤到锦州，只留第五十三军和第六军的二〇七师把守沈阳。其余各军及战车、炮兵、装甲车、骑兵等特种兵团统编为机动兵团，归廖耀湘统率，随时准备撤退。

当时，中共在东北占据大部分的土地、人口和铁路，部队的数量接近百万，大兵团和正规化作战已经能够得以实施。最为重要的是，中共在东北长期布局，已经建起了自己的后方补给基地，这是中共当时对国民党具有绝对优势的一个战区。从战略上考虑，林彪认为长春是一座孤城，可望在半个月内拿下。

面对东北野战军紧锣密鼓地布置长春战事，国民党驻长春守军希望能够放弃长春，撤向沈阳，但没有得到蒋介石和卫立煌的同意。长春被团团围住，其间，国民党守军多次出击抢粮都被打回。国民党的长春守军饿得浑身水肿。在围困长春的同时，东北野战军迅速部署下一步作战战略，留守2个纵队、6个师继续围困长春，在毛泽东的指挥下，全力南下，出击北宁线①，全力攻下锦州，如此，辽沈战役正式拉开帷幕。

东北野战军先后攻克河北的昌黎、北戴河和辽宁省的绥中、兴城，切断了辽西走廊，完成了对锦州、义县的包围。

蒋介石本在集中精力应付华东野战军，1948年9月16日华东野战军发起的济南战役，使蒋介石两面受敌，应接不暇。当时的情况是，蒋介石要是想救济南，就顾不上东北。除非卫立煌经沈锦路出辽西，才能解锦州之围。卫立煌在东北问题上同蒋一直意见不合，他认为锦州之围应由关内出兵直接解决，解围后与锦州部队会合，出大凌河向大虎山方向攻击前进。然后沈阳主力发兵与东进部队会合，所以就未听从蒋的命令。

据说，卫立煌有亲共嫌疑，虽然担任剿共要职，却迟迟不见行动。卫立煌在东北期间，蒋在其周围安插了大量探子，卫立煌难以全权调动部队，只得时时抗命，拖延时间，贻误战机。

锦州范汉杰被围困得难以喘息，多次向蒋求援，蒋介石借召见卫立煌开会之机，迫令他由沈阳出兵支援锦州。卫立煌相当牛，依然拒绝听命。最后，蒋介石不得不空运四十九军到锦州增援，当然仍然不放弃让卫立煌派兵解围，让参谋总长顾祝同亲自到沈阳督战，执行蒋介石的命令。顾祝同在沈阳期间，

---

① 北宁线地贯辽西走廊，西起北京，东至沈阳，全长800多公里，沿线有天津、塘沽、昌黎、秦皇岛、山海关、锦西、锦州等重要城镇，是连接关内外的重要陆路通道。

曾一再召集东北将领开会，要卫出兵沿沈锦路前进解锦州之围。卫立煌再次反对，对于老蒋的指示卫立煌一次次驳回，并与顾祝同发生多次争吵。第九兵团司令廖耀湘提出：乘东北野战军主力攻击锦州时，将沈阳主力一气撤至营口地区。卫立煌认为如不能照他的意见办，也可以实行这一方案。而顾祝同未得蒋介石同意也绝不敢同意撤至营口，两人僵持不下，顾祝同见要卫立煌出兵辽西仍无希望，只好回南京向蒋介石复命。对于东北的局面，蒋介石万分无奈。

10月2日，出离愤怒的蒋介石飞抵沈阳，召集军事会议，决定从华北和山东海运葫芦岛7个师，加上葫芦岛第五十四军4个师，共计4个军11个师组成"东进兵团"；由华北第十七兵团司令侯镜如指挥；以沈阳地区的5个军、11个师和3个骑兵旅，组成"西进兵团"，由第九兵团司令廖耀湘指挥，准备东西对进，以解锦州之围。蒋介石在晚上召集的军事首脑会议上，做了最后一次晚餐似的讲话："我这次来沈阳是救你们出去，你们过去要找共匪主力找不到，现在东北共匪主力已经集中在辽西走廊，正是你们为党国立功的机会。我相信你们能够发挥过去作战的精神，和关内国民党部队一起作战，一定可以成功的。关于空军的协助、后勤的补给，周总司令、郭总司令已经为你们准备好了。万一你们这次不能打出去，那么，来生再见。"

蒋介石从沈阳临行前，还单独接见了廖耀湘。蒋对廖说："这次沈阳军队出辽西，解锦州之围，完全交你负责，如有贻误，也唯你一个人是问。"廖耀湘就提出自己的疑问，蒋介石称，在东北主力撤退之前，一定要给东北中共军队一个大打击，一定要来一次决战，否则华北就有问题。

就在蒋介石飞抵沈阳的同一天，即10月2日清晨，东北野战军总部的列车到达郑家屯以西。这时，林彪得到报告，在葫芦岛，敌军新来了4个师。林彪担心锦州未攻下便受到沈阳、锦西、葫芦岛三方援敌夹击，到时部队油料耗尽，大量汽车、坦克、重炮撤不走，将陷入危局。于是，他命令列车暂停前进。罗、刘经过商讨，决定按照原部署攻打锦州。

葫芦岛、塔山相继被林彪部队拿下，10月14日，刘亚楼下达了总攻令。东野炮纵向锦州城内预定目标猛烈轰击。次日，攻克锦州城，全歼国民党守军10万余人，生俘东北"剿总"副总司令兼锦州指挥所主任范汉杰上将和第六兵团司令卢浚泉中将。侯镜如闻锦州失守，也暂时退回了锦西、葫芦岛。

蒋介石眼睁睁看着锦州失守，急忙飞抵沈阳，然后给长春守将郑洞国发布命令，要其率部立即突围南撤，否则将受到"严厉之军纪制裁"。长春守军发动起义，主动投诚共产党，不费一兵一卒，长春解放。

10月23日，廖耀湘兵团向黑山、大虎山发起猛攻。谁料，廖耀湘兵团10万人马全部陷入东野数十万大军的重重包围之中。廖耀湘走投无路，仰天长叹。东野随即展开了对廖耀湘兵团的大围歼，采取边合围、边分割、边歼灭的战法，并直捣其指挥中心。当蒋介石在北平得知廖耀湘兵团在辽西走廊遭到解放军围歼时，悲痛欲绝。

随后，东野各部队迅速向沈阳前进，迅速包围。次日，对沈阳发起攻击。国民党军几乎全部投降，只有第六军二〇七师顽固抵抗，但很快被解放军消灭。辽沈战役历时52天，东北野战军以伤亡6.9万人的代价，歼灭国军47.2万余人，其中毙伤国军官兵5.68万人，俘虏32.43万人，投诚6.49万人，起义2.6万人，俘虏国军少将以上高级军官186名。国军共损失1个东北"剿匪"总司令部，1个东北"剿总"锦州指挥所，1个冀辽热边区司令部，4个兵团部，11个军部，36个师。此外，还有1个骑兵司令部，5个炮兵团等特种兵部队。损失各种火炮4709门，轻重机枪13 347挺，以及其他枪支175 361支。[1]

东北全境的解放，不能不说是一个伟大的胜利。它所解放人口之众，地域

---

[1] 据《中国人民解放军战史》，军事科学出版社，1998年10月出版。

之广，影响之大，为未来全国的解放奠定了基础。

淮海战役一拖三

淮海战役，是与国民党军进行的第二个战略性进攻战役。

解放战争时期，中国人民解放军华东、中原野战军以徐州为中心，范围东起海州，西迄商丘，北起临城，南达淮河，这些跨江苏、安徽、河南、山东四省的徐淮地区，向来就是兵家必争之地，也是国民党军事部署的中心。

根据中央指示，淮海战役共分三个阶段，毛泽东在深思熟虑之后给粟裕去电："本战役第一阶段的重心是集中兵力歼灭黄伯韬兵团，完成中间突破。"黄伯韬部队地处徐东，自己在那单练，他东边儿是滔滔大海，一看就是首歼目标。

华东野战军十多个纵队浩浩荡荡多路南下，干扰黄伯韬的联络信号，说白了就是让你来不了外援关门打狗。在徐州以北，那些潜伏在国民党中的地下党也发动了起义，一下就打开了国民党的运河航线。而此时的华东野战军主力也迅速南下，占据了有利地形。驻扎在徐州的国民党一发现共产党主力南下的迹象，立马就开始转移了。可南京国防部不干啊，非让黄伯韬等着从海州西撤的四十四军。黄伯韬急得脑瓜子直冒汗，人家共产党各路大军早就把我包围了。

华东野战军已经渡过不老河，攻占了徐州以东的大许家等地，完全切断了黄伯韬兵团的退路。蒋介石看到这情况，急令邱清泉、李弥两个兵团去解围，可远水解不了近渴。

蒋介石让黄伯韬与解放军死拼到底，为了防止黄伯韬投降，天天往阵地上空投登有黄伯韬戎装照以及蒋介石嘉奖令的报纸。黄伯韬在蒋介石口中被说成常胜将军，打仗凶狠，指挥一流。黄伯韬凭借抢修的战壕与华东野战军死拼，华东野战军却也是久攻不下。共产党一看这势头，就重新部署，暂停攻势，想方设法把战壕挖到对方前沿阵地上。接着利用暮色做掩护，接近敌人，逐点夺取，逐个歼灭。

1948年11月16日夜里，我军对黄伯韬部发起总攻。黄伯韬效忠到底，就是到最后一刻，还在用无线电向蒋介石表明苦战到底的决心。蒋介石算是彻底收买了黄伯韬。

激战持续到22日，身着将官军服的黄伯韬，心急如焚，犹如困兽。直到最后，黄伯韬都不曾突围出去，12万大军丧失殆尽。绝望之中，黄伯韬拔枪自杀。自杀前，黄伯韬拿出总统府出入证一张，在背后写上"黄伯韬尽忠报国"，交给国民党第二十五军副军长杨廷宴，请其转交蒋介石，也算是黄伯韬的临终遗言了。

在黄伯韬的追悼会上，蒋介石哭得鼻涕都流出来了，原来黄伯韬并不是黄埔的学生，老蒋是真希望黄埔的学生能有几个像黄伯韬一样战死沙场，成全黄埔军校的面子啊。

解决了黄伯韬，中共第二阶段的目标锁定在黄维兵团。黄维是国民党陈诚系的重要将领，国民党五大主力中，唯一为陈诚所掌握的，就是十八军。黄维从1938年开始，就担任十八军军长。

黄维少年得志，也不知道哪点被国民党元老陈立夫看上，差点成为陈家的乘龙快婿。三十来岁的小黄，就做上了军长，可谓是平步青云。不过论打仗，黄维可真是一般，黄维本来就是一介书生，木鱼脑壳，打仗一根筋，喜欢死磕，死用人海战，人称"血肉磨坊"，属于死拼到底型。

为了挽回被动局面，国民党军部命令黄维兵团增援徐州。黄维兵团12万人马，个个兵强马壮，美式装备，人称"汽车兵团"。本来春风得意的黄维，也活该栽跟头，他的队伍里竟然有人反水，自己人对他反戈一击，这也成了剿灭黄维兵团的关键所在。这反水的"同志"是第一一〇师师长廖运周。黄维和廖运周在1938年就认识，那时候正是武汉战役，廖运周还在第六五六团当团长，全国上下打日本人都红了眼睛，小廖直接找到十八军军长黄维借炮。说了黄维木鱼脑子，书生气，眼睛高，看重派系。自己是黄埔出身，一看，这小廖虽然素不相识，却也是黄埔学弟，也就愿意接见。他见到廖运周，果然是端着架子对人死死盘问，左问右问，最后也大呼一声："缘分啊！"

原来小廖的哥哥廖运泽是黄埔一期，和黄维是同学。再者，廖运周的确是一员猛将，来见黄维之前刚袭击了日军辎重队，缴获甚多，给黄维带来了不少礼物。两人聊到最后，廖运周开口借炮。当时国民党全军也很穷，像黄维这样有炮兵建制的不多，廖运周也是穷疯了才找六亲不认的黄维拉关系。黄维拿出"呆子"劲，盘问了一番廖运周的炮兵技术，结果十分满意。自己人，加上"考试合格"，于是黄维仗义解囊。小廖用这8门炮，凭借有利地形，用一个团把小日本完整的一个27师团打得哭爹叫娘。这一战在日本的杂志上有过介绍，根据日军记录，丸山师团因为首车、尾车都被击毁，部队无法动弹，在"支那军炮兵集团"的打击下损失惨重。

廖运周因此一战扬名，黄维也因识人而名噪一时。以后，廖运周就脱离了汤恩伯部队，投入到黄维门下，成为黄维的心腹。但黄维做梦也没想到，廖运周是个老共产党员，从20世纪20年代就入党了。他的直接上级是中共炮兵的创始人朱瑞将军。不仅如此，廖运周手下，还暗藏着大量共产党员，所以当黄维决定突围的时候，廖运周反水是情理之中的事儿，不过出乎黄维的意料。当然小廖也够狠，也够绝，按照黄维此前战车、大炮让自己先挑的指示，专挑重炮带着走，回过头来就把炮弹砸在黄维的头上。

在包围黄维兵团的过程中，邱清泉兵团南行援助，被华东野战军阻击。趁这工夫，国民党徐州部队就开撤。后来他们又接到蒋介石命令，决定反击以求实现突围。可怜杜聿明，这人在国民党高级将领中也算是军事眼光、指挥才能一流的人。在淮海战役中，他受制于"徐州剿总"刘峙，蒋介石朝令夕改，令其焦头烂额，无所适从，错失战机，陷入困局。最终也难逃覆灭的命运。

黄伯韬和黄维，是淮海战役老蒋军队中最为善战也最为忠诚的将领，但也就是他们祸害了国民党。假如黄伯韬一打就垮，邱清泉根本就不会被黏在徐州，黄维也不会出来钻进我军打开的口袋，老蒋舍掉黄伯韬，最多是壮士断腕；假如黄维早早投降，杜聿明恐怕早早就撤过了淮河，加上李延年、刘汝明的部队，国民党机动作战的主力尚存，保住东南半壁河山还是有希望的。

不过这些都是假设，这两位黄将军被围之后拼死抵抗，都是战到最后一兵一卒，老蒋也不好意思"弃子"，为了救黄伯韬扔进了黄维兵团，为了救黄维，扔进了杜、邱、孙三个兵团！为了救杜，又把李、刘两个兵团打残！国民党就此元气大伤，再也没有战略决战能力。两位黄将军的忠心适得其反，"二黄"唱响了催命曲，可惜没有了还魂丹。

淮海战役，是国共两军战略决战中的关键一战。共产党参战部队60万人，国民党先后出动兵力80万人，历时65天。解放军共歼敌55.5万余人，蒋介石在南线战场上的精锐部队被灭之殆尽。共产党军队基本上解放了长江以北的华东和中原广大地区，国民党统治中心南京也处在了人民解放军的直接威胁之下。

干净利落取平津

在北平、天津、张家口地区对国民党军队进行的平津战役，是解放战争战略决战的最后一个大战役。

华北"剿总"傅作义集团共有3个兵团13个军50个师，兵力50余万人，位于东起北宁路的山海关、西到平绥路的张家口，约500多公里的狭长地带上，并以塘沽为海上通道口。"剿总"总部设在北平，这可是我军想了很久的一块肥肉。傅作义在华北可是老大，要风得风，要雨得雨，都不屑于带保镖的，他就不信有人敢在他的地盘上动他。

在此之前，蒋介石提出要傅率部南撤，加强长江防线。傅作义对蒋介石的排斥异己、党内斗争深怀戒心，不愿南撤。国民党军在东北的失利，给了傅作义极大的压力，傅作义也被解放军在东北的漂亮表现所震慑，已是"惊弓之鸟"。对于未来华北的战守之势，傅作义作出了几套备选方案。他不愿南撤，于是制订暂守平津、保持海口、扩充实力、以观时变的方针，不断收缩兵力。傅作义先后放弃承德、保定、山海关、秦皇岛等地，准备随时从海上南逃或西窜绥远。如果傅作义主动撤离，人民解放军虽可不战而得平津，但国民党长江防线就又多了些兵力，这对今后的作战是不利的。如何稳住华北敌军，使它不迅速南逃或西窜，就成为打开华北局面的关键。

对于傅作义，共产党采取又打又拉的策略，中共中央的部署是，东北野战军主力在辽沈战役结束后不久，提前结束休整，特别隐蔽地挥师入关。入关的东北野战军和华北军区第二、第三兵团一道，动作神速，"围而不打"、"隔而不围"，完成对北平、天津、张家口的战略包围和分割，截断了傅作义南逃或西窜的通路。还调动部队进驻北平地区。接着，我军攻克张家口，在张家口战役前，收拾了傅作义的嫡系主力第三十五军，在张家口歼敌第十一兵团部和第一○五军。在战场上给了华北"剿总"一个下马威。1949年初，中共中央成立了由林彪、罗荣桓、聂荣臻三人组成的平津前线指挥小组，继续在战略上对傅作义施压。

随后，傅作义最大的压力来了。我解放军以强大的兵力，直逼天津。这是一场激战，刘亚楼指挥34万解放军，经过一天一夜的激战，攻下了傅作义重兵布防的城市——天津。天津国民党部队全部被歼灭，警备司令陈长捷被俘，1949年1月，天津解放。

为了使北平这座举世闻名的古都免遭破坏，解放军在围城后，派出代表同傅作义接触，希望能够达成和解，使古都免于战火。解放军强大的军事力量和周密的作战部署，让傅作义毫无退路。首都和平解放的呼声之高，让傅作义承受了巨大的压力与考验。最终，共产党的诚意和耐心，打动了这位风云一时的人物。傅作义作出了民心所向的选择，命令所属部队接受共产党的改编。同样是在1949年1月，解放军进入北平，北平和平解放。

平津战役解决了国民党军队52万多人，基本上解放了华北全境。这场战役的胜利很是激动人心。

05. 万里江山换新颜

划江而治成幻想

国民党军队在三大战役中接连惨败，军事上的重大失利，加上经济上因为金圆券改革失败造成的几近崩溃的局面，使得国民党内部弥漫着浓重的悲观气氛。国民党内高级官员，不少人已经有了江山易主、流亡他乡的心理准备。

国民党着手布置将军事重心转移至长江以南地区，同时开始一系列应变方案，企图凭借长江天险，占据中国的半壁江山，赢得喘息机会再次翻盘。而在管制上，蒋介石颁布了全国戒严令，国统区进入了严酷的军事管制状态。尽管如此，社会依旧动荡不安，物价飞涨，工人失业，很多人已经离开大陆，到达台湾、香港甚至出国。国民党的党政机关都开始向香港、华南以及西南转移，部分职员被遣散，局势已经失控。

蒋介石在国民党内的权威受到挑战，党内有关人士建议蒋介石暂时休息，不能再战，主张和谈。而对蒋介石一向支持的美国此时已有了全身而退之意，这给蒋介石以沉重的打击。当时国民党内部的反对派、社会舆论以及美国都觉得李宗仁是取代蒋介石的合适人选，反蒋呼声高涨。鉴于重重压力，蒋介石决定隐退，为了确保在隐退后可以继续控制局面，蒋介石在人事上作出了一系列部署。李宗仁上台后，其实困难重重。他能发挥影响的地方十分有限，不管怎样，他最迫切需要解决的问题是与中共和平谈判。

1949年4月，周恩来等代表中国共产党同以张治中为首席代表的国民党政府代表团在北平举行谈判。在谈判中，中国共产党打破了国民党企图划江而治的幻想，希望在强大的攻势下，能够给国民党施加压力，能够通过和平的方式解决国民党残余统治。国民党力求能够维持其半壁江山，四处寻求援助，毫不松口。蒋介石企图在长江之南保持自己的地位和实力，以便东山再起，其心昭然若揭。双方僵持不下，谈判几成僵局。4月15日，中共代表团将《国内和平协定最后修正案》送交国民党政府代表团。但是在南京的国民党政府拒绝接受这个协定，谈判宣告破裂。

退守台湾

长江素来是中国南北分界的天然标志。经三大战役失败洗礼后的蒋介石，剩下的都是些残兵败将。蒋介石占据长江天险，凭江据守。中国共产党的人民武装从北边杀将过来，官兵很多都是北方人，不习水性，江河作战同陆地作战又有不同，对双方而言，这不仅是关键一战，而且又将是一场恶战。

1949年4月21日凌晨5点，中国人民解放军发起渡江战役，在东起江阴、西至湖口的千里战线上强渡长江，国民党军早已军心涣散，等人民解放军刚刚过江，国民党江防部队就全线放弃阵地，开始后撤，4月23日南京解放。其后，国民党长江防线几乎没有抵抗之敌，我军作战部队经过激战，于6月2日攻下上海。至此，国民政府的统治覆灭，共产党继续追剿残余，到1950年2月，解放战争的大规模作战行动结束。中国内地几乎全部解放。国民党内部此时已经四分五裂，矛盾重重。蒋介石作出了退守台湾的决定。

1949年底，残存的国民党政府龟缩在西南一隅，直至1949年12月10日，蒋介石乘坐专机飞往台北，离开了其当政22年的大陆。

中华人民共和国成立

中国共产党对于建国有一套独创性的理论，毛泽东在《新民主主义论》、《论联合政府》、《论人民民主专政》中都有表述。自1949年初始，中国共产党就开始有步骤有计划地准备建国，接管国民党统治的各大城市。

中国共产党对城市的接管是有序的，对于建国后各项工作有了初步的规划。在对外关系上，积极取得苏联的支持。

1949年9月，中国人民政治协商会议在北平隆重召开。会议被称为新政协，以区别于1946年重庆的旧政协。

会议首先确定成立中华人民共和国。共和国成立后，就采用公元纪年了。台湾把公元称为西元，我很不明白为什么耶稣诞生那一年是公元，中国应该用孔子诞生那一年作为元年，或者用黄帝尧舜禹纪年。中国人把耶稣的生日翻译成圣诞节，港台翻译成耶诞节，中国的圣诞节应该是9月28日，孔夫子诞生那天。

会议通过了《中国人民政治协商会议共同纲领》。这个纲领是新政协筹备当中最重要的文件，是由周恩来亲自执笔经过反复讨论修改而成的。在1954年《中华人民共和国宪法》颁布以前，共同纲领实际上起了临时宪法的作用。《纲领总纲》规定：中华人民共和国是新民主主义即人民民主专政的国家，是中国工人阶级、农民阶级、小资产阶级、民族资产阶级及其他爱国民主分子的人民民主统一战线的政权。实行工人阶级领导的、以工农联盟为基础的、团结各民主阶级和国内各民族的人民民主专政。国家保障人民广泛的民主权利，人民有思想、言论、出版、集会、结社、通讯、人身、居住、迁徙、宗教信仰及示威游行的自由权。人民共和国的国家政权属于人民。《纲领》对于政权机关、军事制度、经济制度、文化教育政策、民族政策、外交政策都作出了规定。

会议选举产生了国家领导人，毛泽东为主席。国都北平改名北京。五星红旗为国旗。《义勇军进行曲》为代国歌。有人不同意用"中华民族到了最危险的时候"，都建国了，怎么还危险呢？其实这是居安思危。凡是那种在炮火硝烟中诞生的国歌都很好听。美国国歌、法国国歌、中国国歌好听，都是在炮火中诞生的，激动人心。

1949年10月1日，中华人民共和国开国大典在北京天安门广场隆重举行。中华人民共和国中央人民政府主席毛泽东在天安门城楼上向全世界庄严宣告，中华人民共和国中央人民政府成立了，中华人民共和国诞生。